«*Tout est une question de*
CRÉDIBILITÉ»

**Catalogage avant publication de Bibliothèque et
Archives nationales du Québec et Bibliothèque et Archives Canada**

Desharnais, René
Tout est une question de crédibilité
ISBN 978-2-89585-093-9
1. Changement organisationnel. 2. Qualité de la vie au travail. 3. Gestion.
I. Titre.
HD58.8.D47 2010   658.4'06   C2010-940417-3

Photo de la couverture : Normand Blouin

Les Éditeurs réunis bénéficient du soutien financier de la SODEC
et du Programme de crédit d'impôt du gouvernement du Québec.

Nous remercions le Conseil des Arts du Canada
de l'aide accordée à notre programme de publication.

Nous reconnaissons l'aide financière du gouvernement du Canada
par l'entremise du Fonds du livre du Canada pour nos activités d'édition.

Édition :
LES ÉDITEURS RÉUNIS
www.lesediteursreunis.com

Distribution au Canada :
PROLOGUE
www.prologue.ca

Distribution en Europe :
DNM
www.librairieduquebec.fr

Imprimé au Canada

Dépôt légal : 2010
Bibliothèque et Archives nationales du Québec
Bibliothèque nationale du Canada
Bibliothèque nationale de France

René Desharnais

« Tout est une question de CRÉDIBILITÉ »

Un guide pratique pour tous

LER
LES ÉDITEURS RÉUNIS

Table des matières

Préface

J'ai choisi, il y a maintenant six ans, d'ajouter à mon métier de comédien celui de producteur de films. Ce choix qui m'amène à vivre quelques mois par année à l'extérieur du Canada, de même qu'à parcourir plusieurs continents, m'a permis de prendre conscience de l'importance d'une excellente crédibilité personnelle et professionnelle, pour bénéficier du contact fructueux des personnes influentes du milieu de la production cinématographique internationale.

Mes débuts comme producteur se sont avérés assez difficiles. Entre autres, devenir un professionnel reconnu par ses pairs dans la pratique de ce nouveau métier, imposer un nom, une marque et une vision haut de gamme pour ma compagnie, Aviva Communications, de même que joindre la communauté artistique, commerciale et légale de Los Angeles sont des activités qui ont exigé du temps, de la patience et du doigté. Trouver les bonnes personnes avec qui s'allier, comprendre leurs critères, les intéresser et, éventuellement, conclure des affaires avec eux, demande de connaître les rouages incontournables de la gestion de la crédibilité. Au prix d'un exigeant processus d'essais et erreurs, et probablement par intuition, je pense avoir posé les gestes appropriés pour y arriver.

Aujourd'hui, après avoir pris connaissance du mode d'emploi de la crédibilité, je peux affirmer que le contenu de ce livre est plus que précieux pour toute personne ou organisation voulant la gérer adéquatement ou tenter de la retrouver.

La gestion de l'image et du contenu est (et a toujours été) essentielle. Les technologies modernes et les nouveaux médias sociaux (Facebook, Twitter, YouTube, etc.) soulèvent maintenant le défi de devoir s'assurer que nous préservons ce que nous mettons des années à bâtir... une crédibilité. Sachant maintenant que tout est public, qu'il n'y a plus rien de privé, et qu'il n'y a plus d'erreur possible sur la personne, la crédibilité d'un individu ou d'une corporation fait loi. Il s'agit d'un code d'honneur et d'éthique à la fois.

J'invite tout un chacun, et plus particulièrement mes collègues des médias, des arts et des affaires à explorer dans leur entourage professionnel le degré de crédibilité qu'on leur accorde. Je vous incite donc à prendre connaissance des concepts simples et efficaces que René Desharnais nous propose dans ce livre, ainsi qu'à les appliquer à la lettre, ils vous seront d'une grande utilité.

DAVID LA HAYE
Comédien et producteur
Aviva Communications

Avant-propos

La rédaction de ce livre n'aurait pas été possible sans l'encouragement généreux de mes collègues, de mes clients et de tous ceux avec qui j'ai eu le plaisir de discuter de ce passionnant sujet au cours des quinze dernières années. Je me permets ici de faire un clin d'œil particulier à mes clients français qui ont été les premiers à me dire qu'en France la crédibilité d'un consultant formateur se trouvait largement améliorée lorsque celui-ci avait publié…

Je tiens également à rendre hommage à une personne qui a été pour moi un mentor, un guide, un collègue, un ami. Sans lui, ce livre n'aurait certainement pas autant de substance. Sans lui surtout, je ne serais pas devenu une meilleure personne : merci, Denis Gagné. Je m'ennuie de toi presque chaque jour.

Merci à André Gagnon de m'avoir incité et encouragé à m'engager dans un monde familier pour lui, mais totalement inconnu et menaçant pour moi.

Merci à Jean-Louis Morgan pour sa disponibilité, ses conseils, ses recherches et sa patience inégalée.

Merci à tous ces clients rencontrés en conférence, en formation, en coaching pour leur intérêt, leurs multiples questions et leur souci de faire évoluer ce concept abstrait.

Merci à mes trois associés de Réseau DOF pour leur relecture et pour leurs commentaires judicieux ; un remerciement supplémentaire à Robert Laurin et à Diane Demers, pour leur professionnalisme et leur souci pour la fine nuance.

Merci à mon fils Antoine, qui m'a donné maintes occasions de lui reformuler ces notions éducatives.

Merci enfin à ma compagne Marie, pour son indéfectible présence et ses petits coups de fouet de velours.

RENÉ DESHARNAIS
Août 2010

Chapitre I
Introduction et définition

Ce lundi d'octobre, à 9 h 45, Nicole, 45 ans, cadre dans une banque, prépare la réunion de toute son équipe ; celle-ci est composée en grande partie de ses employés à Montréal, les autres membres étant en poste à Québec. Sans l'avouer ouvertement, elle préfère son personnel de Montréal, et ne consacre que peu de temps à superviser son groupe de Québec. À 9 h 50, la secrétaire du nouveau vice-président aux finances l'informe qu'elle est attendue au bureau de son nouveau patron ; elle apporte avec elle quelques dossiers importants qu'elle connaît bien et se rend le cœur léger à l'étage supérieur.

Après quelques brèves présentations et politesses d'usage, le vice-président va droit au but. « Si je me fiais aux commentaires de mon prédécesseur, je vous congédierais sur-le-champ. Mais comme je suis une personne qui aime accorder une deuxième chance aux gens, je vous donne six mois pour vous rebâtir une réputation. Fin de l'entretien. Bonne journée ! »

Estomaquée, abasourdie, outrée, voire insultée, Nicole s'arrête à la cafétéria du premier étage pour décompresser et tenter de mettre de l'ordre dans ses idées. Comment se fait-il que quelqu'un n'ayant jamais vu une personne, et n'ayant jamais eu l'opportunité d'évaluer ses réalisations, peut lui lancer ce genre d'ultimatum? Après quelques heures de confusion et de réflexion, elle choisit de se rendre au Service des ressources humaines pour se plaindre d'un traitement qu'elle qualifie d'aussi cavalier qu'injuste.

Véronique, la jeune conseillère en ressources humaines, fait preuve d'écoute et d'empathie à son égard; elle lui propose les services d'un «expert» en crédibilité pour mieux comprendre ce qui lui arrive et, surtout, pour l'aider à gérer cette délicate situation.

Bien que très contrariée, Nicole accepte une rencontre d'aide-conseil avec moi. Une semaine plus tard, elle est dans mon bureau. Au cours de la première heure, elle me fit part de tout le dépit et de la tristesse qu'elle ressentait: «Ce n'est pas juste, il ne me connaît même pas! Comment ose-t-il m'accuser d'incompétence, après toutes ces années de service et de bonnes évaluations? Ça ne se passera pas comme ça! De quel droit me met-il ainsi sur un siège éjectable? J'ai passé 15 ans dans cette banque, j'ai les compétences requises, mon secteur est rentable et je m'entends bien avec mes collègues; pourquoi, tout à coup, ne serais-je donc plus crédible?»

C'est à ce moment-là que je compris que l'employée cadre que j'avais devant moi n'avait aucune idée, comme la plupart des gens d'ailleurs, de la définition ni du mécanisme de la crédibilité. En fait, au cours de votre carrière, combien de temps avez-vous consacré à vous demander ce qu'est la crédibilité et comment elle s'établit ? Il me fallut une bonne heure de discussion avec Nicole pour lui faire accepter l'idée que la crédibilité et l'estime de soi sont deux choses différentes ; que la crédibilité auprès de certains n'assure pas la crédibilité auprès des autres et que, enfin, la crédibilité universelle n'existe pas.

La plupart des gens se *pensent* crédibles. Comme Nicole, plusieurs confondent, à mon avis, estime de soi et crédibilité. Or, l'estime de soi, c'est la valeur que je *me* reconnais à *mes* yeux, selon *mes* critères, alors que la crédibilité c'est la valeur *qu'ils* me reconnaissent, à *leurs* yeux, selon *leurs* critères. Cela change quelque peu la donne, n'est-ce pas ?

Une fois le caractère subjectif de la crédibilité reconnu, Nicole put au moins se dire que bien qu'elle eût préféré qu'il en soit autrement, elle se devait de reconnaître que la perception de soi et celle que les autres ont de nous sont deux données fort différentes, et qu'il ne suffit pas de *se* reconnaître une grande valeur pour que la crédibilité soit acquise pour autant.

Je reviendrai plus loin sur le récit véridique du parcours de Nicole.

QU'EST-CE QUE LA CRÉDIBILITÉ ?

Avant de définir la crédibilité, permettez-moi de faire une mise en garde mi-sérieuse, mi-humoristique, tirée de mes vingt ans à titre de conférencier et de formateur auprès de cadres et d'employés d'entreprises. La plupart des gens que j'ai rencontrés accordent beaucoup d'importance à la crédibilité, probablement en raison des avantages extraordinaires qui lui sont rattachés. En effet, qui peut se passer de crédibilité ?

J'ai cependant pu observer trois catégories de personnes qui s'y intéressent très peu, ou qui s'en désintéressent carrément. La première catégorie concerne les personnes AUTORITAIRES, celles qui ont ce qu'elles veulent en donnant des ordres ou des directives sans discuter. Dans de tels cas, les résultats s'obtiennent presque toujours au détriment des relations ou de la qualité du climat de travail.

La deuxième catégorie concerne les personnes NARCIS-SIQUES ; elles ne peuvent imaginer qu'on ne leur accorde pas automatiquement de la crédibilité, et ont tendance à dénigrer tout individu qui ne reconnaît pas leur « valeur exceptionnelle ».

La troisième catégorie a trait aux personnes – syndi-quées ou non, à quelque niveau que ce soit – qui réduisent les relations de travail à de strictes questions de droit, et ce, toujours en utilisant les rapports de force. Car elles savent d'expérience que le rapport de force leur a permis d'obte-nir des conditions de travail exceptionnelles, et ce, quelle que soit la crédibilité que les clients leur accordent.

Pour mieux comprendre le phénomène de la crédibilité, je vous propose l'exercice suivant : prenez le temps de penser à une personne que vous considérez comme très crédible. Ensuite, énumérez les caractéristiques que vous lui attribuez et qui font qu'elle est votre « modèle » de crédibilité. Faites de même avec une organisation qui vous semble crédible ou demandez à quelques personnes de votre entourage de se livrer au même exercice. Vous constaterez alors que certains critères se recoupent avec les vôtres alors que d'autres sont différents.

DÉFINITION

Le dictionnaire *Le Petit Robert* définit la crédibilité en ces termes :

Crédibilité : n. f.
- 1651 ; lat. *credibilitas*, de *credere* «croire». Ce qui fait qu'une personne, une chose mérite d'être crue. *La crédibilité de quelqu'un.*

Le Larousse, pour sa part, parle de «la considération, de l'estime dont jouit une personne ou son œuvre du fait qu'elle paraît digne de confiance». Toujours dans *Le Petit Robert*, l'une des acceptions du mot «crédit» est : «Influence dont jouit une personne ou une chose auprès de quelqu'un, par la confiance qu'elle inspire.» Quant au mot «confiance», tous les dictionnaires s'accordent à dire qu'il s'agit d'un «sentiment de sécurité à l'égard de quelqu'un ou de quelque chose, un sentiment qui se traduit par le niveau de risque que l'on est prêt à prendre avec une personne, un groupe ou une organisation pour la satisfaction de nos besoins».

Pour ma part, le fruit de mes longues recherches m'amène à vous proposer une définition qui soit à la fois théorique et opérationnelle :

La crédibilité est une valeur totalement subjective que l'on accorde à une personne, à un groupe ou à une organisation, selon un certain nombre de critères explicites ou implicites, et ce, en fonction de notre perception de leur correspondance actuelle à ces critères.

Notre crédibilité constitue donc une valeur relative qui nous est attribuée par d'autres. Elle varie en fonction des personnes et des circonstances. Elle évolue également dans le temps. Comme l'avait dit un jour un de mes clients : « Si j'ai bien compris, la crédibilité, bien que conférée par les autres, ne nous est jamais donnée. Au mieux, elle nous est *prêtée...* » Je partage entièrement son point de vue.

Un militaire bien au fait de ses critères

Permettez-moi de vous raconter dans quelles circonstances j'ai compris pour la première fois, clairement et douloureusement, toute la subjectivité de la crédibilité. Je donnais une séance de formation de trois jours à des participants de différentes entreprises sur le thème de « la préparation et de l'animation de rencontres de travail ». À cette occasion-là, une participante, la directrice des ressources humaines d'une organisation relevant de la Défense nationale, évalue ma crédibilité de façon favorable ; elle me demande de donner le même type de séance dans son unité administrative. Plutôt satisfait de ce témoignage d'appréciation, j'accepte volontiers.

Or, avant la fin de la matinée du premier jour de cette formation, un participant, le haut responsable militaire de l'organisme, me convoque dans son bureau et exige que je parte sur-le-champ. Au moment où je m'apprêtais à lui demander les raisons de ce renvoi, il me répondit : « Je n'ai pas à vous donner d'explication. Vous quittez les lieux immédiatement... »

Malgré mes protestations, déçu et bouleversé, je pliai bagage et je rentrai chez moi. Je n'y comprenais rien.

Comment se faisait-il que, quelques semaines auparavant, j'étais très crédible pour cet organisme et qu'en moins d'une heure, j'étais considéré comme un importun, un incompétent? Toutes les interprétations étaient possibles, mais, faute de justification, je perdais tous mes repères.

Après un retour sur tous les aspects de cette expérience difficile, je me suis rendu compte que cet homme avait réagi au moment où j'avais annoncé que, lorsque je traiterais du volet «Gestion du climat», je réserverais une place importante à la *gestion des sentiments en milieu de travail*.

Selon cet homme, qui œuvrait dans un environnement militaire, les sentiments n'y avaient pas leur place. La manière de me le signifier était-elle injuste, inélégante? Tous les commentaires sont possibles, mais je peux établir ceci avec certitude : selon ses perceptions, *je ne correspondais pas à ses critères*! Et, étant donné sa position apparemment inébranlable, je n'avais aucune possibilité de les faire modifier.

Aujourd'hui, je peux en rire, car cette expérience m'a bien fait saisir la différence entre une valeur objective et la crédibilité, qui, elle, demeure totalement subjective.

> *La délicatesse, c'est de ne jamais réduire l'autre personne à la perception qu'on a d'elle.*
> — *Denis Gagné*

La crédibilité est donc fonction des critères des autres et de leur perception de la correspondance ou de la non-correspondance aux critères. On peut dès lors se demander s'il est possible de gérer sa crédibilité. Je suis convaincu que oui dans une large mesure, si on en saisit bien la définition et le mécanisme ; cela dit, aucun mode d'emploi ne garantit le succès ; comme l'indique souvent la publicité, « certaines conditions s'appliquent ». J'y reviendrai un peu plus loin.

Si la compréhension de la crédibilité et de sa gestion peut apporter des avantages à des gens de bonne foi, elle peut malheureusement créer également des bénéfices à des personnes moins bien intentionnées, et ce, au détriment des autres.

Au Québec, la récente escroquerie de Norbourg démontre bien que l'on peut abuser de ce moyen puissant et... de certaines personnes. À votre avis, quelle est la différence entre le coffre à outils d'un serrurier et celui d'un cambrioleur ? Une cagoule... peut-être !

L'arnaqueur américain Frank Abagnale, dont l'histoire a fait l'objet d'un livre qui a été porté à l'écran sous le titre *Attrape-moi, si tu peux !*, avait très bien compris comment user de la crédibilité. À de multiples occasions, il a pu se faire passer pour un pilote de la Pan American Airways, pour un juriste, un pédiatre, un gardien de sécurité, un professeur de sciences sociales. Sans recourir à la violence et sans faire de tort aux petites gens, et en exploitant seulement les grandes sociétés et les banques, il réussit, en manipulant son entourage, à encaisser une quantité phénoménale de faux chèques. Au début des années 70, au terme d'aventures rocambolesques, il fut arrêté et purgea quelques années de prison. Sa connaissance des failles dans le système de sécurité des banques et sa maîtrise des techniques de fraude le rendirent suffisamment crédible pour être embauché par les forces policières afin de déjouer les fraudeurs. Devenu par la suite un célèbre consultant en la matière, il publia en 2001 un livre traduit en français sous le titre *L'art de la fraude*; dans cet ouvrage, il explique aux commerçants, aux gens d'affaires et aux particuliers les situations quotidiennes qui permettent de comprendre les stratagèmes des fraudeurs et les moyens d'y faire échec. Voici un autre exemple d'usage frauduleux de la crédibilité; il s'agit encore une fois d'un célèbre arnaqueur.

Un maître arnaqueur au-dessus de tout soupçon

Bernard Madoff a la tête d'un papy taquin avec sa casquette de base-ball vissée sur la tête et son sourire narquois. Figure de proue sur Wall Street, ancien président du NASDAQ, il n'a rien de ces dirigeants d'officines de courtage qui s'attribuent le titre de «gestionnaires de patrimoine», et qui, après avoir abusé de la confiance de leurs clients, filent vers quelque pays d'Amérique du Sud d'où on ne peut les extrader.

Ses méthodes sont inhabituelles. Déjà, en 1990, à cause de différends avec le New York Stock Exchange (NYSE), il fonde une plateforme concurrente qu'il appelle le NASDAQ. Il en sera président de 1991 à 1992. Cette distinction lui assurera une crédibilité apparemment inébranlable. Prisé des marchés de haute technicité, «Bernie» Madoff devient un nouveau gourou, un précurseur de la finance moderne et de la Bourse électronique.

Pourtant, en décembre 2008, l'homme est arrêté et mis en examen par le FBI pour avoir réalisé un montage financier frauduleux, une chaîne à effet pyramidal qui, de son propre aveu devant ses fils Andrew et Mark, n'était «qu'un énorme mensonge». Il se serait servi de sa notoriété ou crédibilité positive pour constituer un fonds d'investissement spéculatif géré en douce par une société parallèle. Ses clients étaient des banquiers, des gestionnaires de fonds et des détenteurs de grosses fortunes personnelles à qui il offrait un taux de rendement de 17 pour cent par an. Le fonds que Madoff gérait aurait accumulé d'énormes pertes, et il aurait alors monté un système de cavalerie où il payait les intérêts des premiers investisseurs au moyen du capital apporté par les dernières recrues. Dès le début de la crise financière, certains clients ont voulu retirer leurs fonds; grâce à eux, le chat est sorti, plutôt miteux, du sac.

Si le cambrioleur utilise les mêmes outils que l'honnête serrurier, Madoff, lui, est un cas à part. En effet, pendant plusieurs années, il s'est servi d'une crédibilité jusque-là acquise de manière honnête pour ensuite gagner sa vie de façon illégitime. À un moment de son existence, pour des raisons obscures, cet habile et prospère courtier a contaminé sa crédibilité, a versé dans la criminalité alors que, de l'avis de son entourage, il aurait pu finir ses jours dans une grande aisance, entouré et respecté de ses connaissances et amis, magnats influents qu'il a trompés.

LA PRIORISATION DES CRITÈRES

Ce qui ne facilite pas la gestion de la crédibilité, c'est que l'ensemble des critères utilisés pour évaluer la crédibilité n'est pas toujours placé sur un pied d'égalité. On pourrait croire que l'honnêteté est une condition essentielle pour toute personne politique ou pour tout intervenant œuvrant dans les hautes sphères du savoir, entre autres à l'université. Mais cela ne va pas toujours de soi, ce qui illustre bien l'importance de la *priorisation des critères*. M. Alain Juppé, ancien premier ministre français, après avoir été mis en examen en 1998 pour «abus de confiance, recel d'abus de biens sociaux et prise illégale d'intérêt», fut condamné le 30 janvier 2004 à dix-huit mois de prison avec sursis et à dix ans d'inéligibilité. Malgré ce dossier peu flatteur, M. Juppé fut embauché comme enseignant à l'École nationale d'administration publique (ENAP) du Québec. La levée de boucliers ne s'est pas fait attendre. «Les étudiants de l'ENAP réagissent mal à l'invitation de Juppé», titrait *La Presse Canadienne* le 11 février 2005. «Les étudiants de l'École nationale d'administration publique voient d'un mauvais œil la venue probable de l'ex-premier ministre français Alain Juppé à titre de professeur invité», disait l'article. L'Association étudiante de l'ENAP admet que M. Juppé soit reconnu dans tous les milieux pour ses qualités intellectuelles et qu'il pourrait apporter beaucoup à l'institution. Cependant, l'existence de son casier judiciaire dans un dossier de détournement de fonds publics fait ombrage, selon elle, aux capacités qu'on lui reconnaît. Les étudiants croient que la crédibilité de l'ENAP, qui enseigne l'éthique de la gestion, en serait durement touchée. Ils craignent des répercussions négatives non seulement sur l'image de l'École, mais également sur l'ensemble de la fonction publique québécoise et canadienne.

Malgré cette opposition et en dépit de l'obstruction du syndicat des chargés de cours de l'institution, M. Juppé a pu enseigner en toute quiétude à l'ENAP jusqu'en 2006; aussi affirma-t-il, en octobre, qu'il avait bien aimé sa «cabane au Canada», mais que «la mairie de Bordeaux était dans sa mire pour son retour en France» (pari qu'il a réussi, car son inéligibilité avait été réduite, en appel, de dix à un an !). Je parierais que les autorités de l'UQAM se sont davantage appuyées sur les références universitaires de ce professeur invité ainsi que sur son parcours politique et sa notoriété, plutôt que sur des critères d'honnêteté et d'intégrité.

Tout comme on reconnaît que la hiérarchie des valeurs n'est pas la même pour tous, ainsi en va-t-il de l'ordre d'importance que chacun accorde à des critères de crédibilité pourtant jugés souhaitables aux yeux d'une forte majorité.

Pour terminer ce chapitre, j'aimerais vous poser la question suivante : « D'après vous, les personnes que vous côtoyez régulièrement se comportent-elles comme des personnes qui sont conscientes que la crédibilité est subjective ? Et vous, qu'en pensez-vous ?

* * *

En résumé :

■ La crédibilité est un phénomène relativement méconnu.

■ La crédibilité se définit comme une valeur totalement subjective que l'on accorde à une personne, à un groupe ou à une organisation, selon un certain nombre de critères explicites ou implicites, et ce, en fonction de notre perception de leur correspondance actuelle à ces critères.

■ La crédibilité peut être gérée si on en connaît la définition et le mécanisme.

■ Les manipulateurs et les arnaqueurs en connaissent le mécanisme... et l'utilisent.

■ Les critères de crédibilité peuvent être différents d'une personne à l'autre et d'un groupe à l'autre.

■ La priorisation des critères peut également varier en fonction des valeurs réelles des interlocuteurs.

Une prise de conscience essentielle

Prenez le temps de penser à une situation où vous vous êtes retrouvé perdant : par exemple, un mandat qui vous a échappé, une promotion qui vous a été refusée ou une tentative d'influence infructueuse. En regard de cette circonstance, demandez-vous si vous étiez conscient de la subjectivité de la crédibilité au point de reconnaître les critères de vos interlocuteurs pour adapter votre approche.

Chapitre II
Les caractéristiques de la crédibilité

L'image qu'une personne se fait de moi a souvent davantage trait à sa propre image qu'à ce que je suis.

– Denis Gagné

Au-delà de son aspect subjectif, la crédibilité possède également un certain nombre de caractéristiques dont il convient d'être pleinement conscient pour mieux la gérer.

D'abord, le choix de nos propres critères pour évaluer la crédibilité des autres constitue un bel exercice de projection.

En effet, il y a fort à parier que les critères que l'on utilise pour mesurer la crédibilité des autres soient très proches des qualités et des caractéristiques que l'on s'attribue à soi-même ou, à tout le moins, que l'on tente de développer. Si, par exemple, je me reconnais comme étant une personne intègre, compétente, loyale, ordonnée, rigoureuse et dotée d'un bon sens de l'humour, il est fort probable que ces attributs constitueront la base de mes critères pour déterminer la crédibilité de mes interlocuteurs.

La plupart du temps, quand quelqu'un nous dit pourquoi une telle personne est crédible à ses yeux, c'est qu'il nous parle de ses propres caractéristiques… Par exemple, l'hiver dernier, à l'occasion d'un séjour en Europe, je me suis surpris à m'emballer pour une politicienne française qui était en entrevue à la télévision ; je me rappelle qu'après l'entretien, j'étais admiratif devant elle alors que mes amis, qui avaient écouté la même personne, étaient plutôt neutres. Mme Rachida Dati, alors substitute du procureur en France, tenait un discours qui me rejoignait dans mes valeurs. Je sais qu'elle ne fait pas l'unanimité dans son pays, mais ses propos avaient un écho chez moi ; elle parlait d'intégrité, de justice sociale, de responsabilisation, de famille et d'humilité. Elle disait :

- «Je considère que la France n'appartient à aucune corporation ou ordre que ce soit, mais plutôt aux Français» (en faisant référence aux multiples intérêts corporatifs dans son pays).

- «Je ne conçois pas qu'il s'agisse de la faute de quelqu'un (à une question concernant son divorce) ; ce fut un épisode difficile avec ses circonstances et ses contraintes ; ça fait partie de la vie.»

- «J'ai accepté votre invitation parce que je considère que votre émission n'est pas intrusive, et je pense que les Français doivent avoir l'occasion d'entendre en direct leurs personnalités publiques pour qu'ils soient en mesure de se faire une image par eux-mêmes.»

- À la question de l'animatrice : «Donc, dans la vie, il faut foncer ?», elle répondit : «Jusqu'à maintenant, ça m'a réussi à moi» (pas de vérité absolue, juste une expérience et une conviction !).

Je vis une expérience semblable chaque fois que je vois ou entends Barak Obama; je perçois chez lui une cohérence et une continuité de valeurs dans lesquelles je me retrouve: courage, paix, authenticité, affirmation, maturité affective, humilité.

Le *courage* de pousser vers la sortie le PDG de General Motors, d'autoriser la recherche sur les cellules souches au risque de heurter la droite religieuse, de poursuivre avec persévérance l'épineux dossier du «Health Care» avec tous les risques que ce projet comporte (tous les ex-présidents s'y sont cassé les dents). Pourtant, il a persisté et réussi, c'est maintenant chose faite.

Un discours et des actions clairement orientées vers la *paix*; ce n'est pas un hasard s'il a reçu le prix Nobel de la paix après seulement quelques mois de présidence.

Une *authenticité* qui impressionne et surprend autant les journalistes que les conseillers en image; n'a-t-il pas plusieurs fois reconnu publiquement avoir commis une erreur tout en présentant une solution de rechange?

Des gestes et des paroles empreintes d'*affirmation*: la plupart de ses interventions publiques commencent par «Let me be clear»!

Une *maturité affective* qui se manifeste par une belle diplomatie: jamais d'arrogance, pas de débordement émotif, pas d'ironie ni d'attaque mesquine.

Une *humilité* rassurante: «J'accepte ce prix Nobel de la paix avec reconnaissance et humilité.»

Cela dit, à titre de personnage politique le plus médiatisé de la planète, Barak Obama a déjà vu sa crédibilité fluctuer depuis son élection. Très bientôt, il sera évalué entre autres sur un critère déterminant pour une majorité d'électeurs : la performance économique américaine…

LA CRÉDIBILITÉ EST TEMPORAIRE OU FLUCTUANTE

Connaissez-vous des gens qui avaient de la crédibilité et qui l'ont perdue ? Connaissez-vous des entreprises qui avaient de la crédibilité et qui l'ont perdue ? Sûrement ! Bien que l'on aime à penser que la crédibilité, une fois obtenue, nous sera octroyée pour la vie, l'expérience nous montre qu'il n'en est rien. Je compare souvent la crédibilité avec la forme physique ; acquise grâce à des mois, voire des années, de choix alimentaires sains accompagnés d'un juste degré d'activités physiques, celle-ci peut être entachée par une escapade gastronomique et viticole de quelques semaines en Italie ! Mais comment concrètement la crédibilité peut-elle être touchée négativement ?

Il existe deux causes principales à la perte ou à la baisse de crédibilité :

1. On découvre une non-correspondance à un ou à des critères attendus. Voici quelques exemples : la découverte de la malhonnêteté d'un professionnel, la mise au jour de comportements répréhensibles (agressions sexuelles) chez un membre du clergé, une preuve de falsification de documents financiers dans une entreprise, la révélation d'aventures extraconjugales chez une grande vedette sportive, etc.

2. De nouveaux critères se sont ajoutés, et le niveau de correspondance à ces critères est jugé insatisfaisant.

La «hockey mom»

Mme Sarah Palin représente, à mon avis, un bel exemple de crédibilité fluctuante. Avant 2008, elle bénéficie d'une crédibilité «locale» en Alaska à titre de gouverneure ; elle est relativement peu connue aux États-Unis, et à peu près invisible sur la scène internationale. Puis, lors de la course à la présidence de 2008, à l'étonnement général, elle est choisie comme colistière du très connu et expérimenté John McCain, candidat à la présidence pour le Parti républicain. Beaucoup sont surpris, plusieurs sont sceptiques ; sera-t-elle crédible pour un poste aussi important que prestigieux ? Or, en quelques semaines, sa cote de crédibilité connaît une montée fulgurante ; elle est perçue comme une personne jeune, jolie, mère de famille, très proche des idéaux de droite, civils et militaires ; elle se présente comme la «hockey mom», la mère de famille de classe populaire, et cela fonctionne !

Mais dans certains milieux plus proches de la politique active, on s'interroge sur sa connaissance des dossiers présidentiels et sur sa compétence dans le domaine international. Comment se comporterait-elle si elle devait remplacer au pied levé le président des États-Unis ? Ces inquiétudes ressortent lors de l'entrevue télévisée et très médiatisée avec la célèbre journaliste Katie Couric où Mme Palin apparaît confuse, hésitante et mal à l'aise à l'égard des questions concernant les dossiers internationaux : sa crédibilité dégringole, entraînant dans sa chute celle de celui qui l'avait nommée.

Puis, après la défaite de John McCain, elle retourne dans son patelin, se fait discrète et quitte son poste de gouverneure de l'Alaska. On lui prête des intentions : laisser passer la tempête pour tenter de reconquérir plus tard l'électorat républicain, et se préparer pour les présidentielles de 2012. Et, surprise, Mme Palin réapparaît sur la place publique avec la publication de son autobiographie *Going Rogue*, qu'on s'arrache littéralement aux États-Unis, à peine au Canada anglais et pas du tout au Québec, pas plus qu'en Europe d'ailleurs. Sa cote de crédibilité est bel et bien repartie à la hausse chez nos voisins du Sud ; on la voit partout, à la télévision (un grand succès de cotes d'écoute à l'émission d'Oprah Winfrey), sur les sites Web, de gauche et de droite, où l'on constate, déçu ou exalté, l'ampleur du phénomène. Les journaux et les postes de radio accentuent sa visibilité ; et on aime !

La journaliste Marie-Claude Lortie, dans sa chronique de *La Presse* du 28 novembre 2009, expose, très justement selon moi, sur quoi se joue présentement cette crédibilité : «Bien des gens qui ne prennent pas la peine de s'intéresser aux politiciens veulent la connaître, prennent le temps de l'écouter. Et ils se retrouvent dans ce qu'elle dit. Dans les anecdotes du quotidien. Dans les valeurs très classe moyenne qu'ils entendent dans le discours souvent confus. Son discours de droite ratisse large, sur plusieurs tableaux. Il semble traditionaliste, mais parle, en fait, d'une femme qui a mené toute une carrière remplie d'affirmation et hors des sentiers battus. Il semble pro-vie mais vient toucher les pro-choix en montrant comment la décision de porter Trigg, son bébé trisomique, fut vraiment réfléchie et non pas un automatisme (ce qui devrait pourtant être le cas chez les pro-vie). Il semble terre-à-terre, mais parle d'une femme qui a été propulsée devant les projecteurs mondiaux, coiffée et habillée comme dans un épisode de *Desparate Housewives*. De plus, Sarah Palin vient de l'État « frontière » qui, bien qu'il soit tout petit côté population, évoque des valeurs chères aux Américains : la découverte, l'autonomie, la prise de contrôle de l'inconnu. L'Alaska, c'est ce qu'il reste du Far West et des pionniers. […] Palin, en fait, mélange deux ingrédients-clés : le glamour dont l'Amérique s'est abreuvée au temps de Kennedy – et qu'ont les Obama – et le patriotisme terre-à-terre, assumé, sans façon, à la Bush. C'est pourquoi on ne peut l'oublier, ni maintenant, ni pour 2012. Lorsqu'elle parle, ses idées ne sont peut-être pas très claires (encore), mais le reste se met solidement en place. » Pour combien de temps ?

LA CRÉDIBILITÉ EST CULTURELLE

Croyez-vous que la crédibilité se gère de la même manière au Québec, dans l'Ouest canadien, aux États-Unis, en France, en Chine ou au Japon ? Le processus de gestion est le même, mais les critères diffèrent. Bien des gens d'affaires l'ont d'ailleurs appris à leurs dépens. Au Japon, il est inconvenant de parler d'argent à table alors que les Américains en font leur sujet de discussion favori en toute occasion. Les Japonais seraient-ils de purs esprits détachés des besoins bassement matériels de ce monde ? Certainement pas, car, en affaires, ce sont d'impitoyables concurrents. Seulement, chez eux, à table, on fait la trêve, on cache les sabres des samouraïs derrière les paravents et on discute des cerisiers en fleur, de l'art du koto, de golf ou de tout autre sujet plaisant. Malheur au *gaïjin*, ou à l'étranger, qui commencera à parler de marge de profits ou de flux de trésorerie pendant le repas ! Plus d'un Occidental se demande encore pourquoi, malgré la qualité de ses produits et de ses prix imbattables, il n'a pas réussi à décrocher un fabuleux contrat nippon.

Ailleurs dans le monde, par exemple en France, où j'ai eu plusieurs fois l'occasion d'effectuer certains mandats de formation, je me suis souvent amusé à demander à mes clients quels étaient leurs principaux critères pour évaluer la crédibilité d'un consultant, d'un formateur ou d'un conférencier. À ma grande surprise, le critère qui revenait le plus souvent était : «Qu'est-ce que vous avez publié?» Il semble qu'en France, pour avoir de la crédibilité, un consultant doit avoir «publié», comme le fait d'une certaine manière un chercheur scientifique au Canada ou aux États-Unis. Heureusement, le deuxième critère évoqué par mes interlocuteurs français était le statut hiérarchique. Étant président-directeur général de mon entreprise, aussitôt que je mentionnais mon titre, quelques portes s'ouvraient.

Un autre bel exemple de l'aspect culturel

Lors de la campagne présidentielle de 2008 opposant MM. McCain et Obama, *La Presse* du 17 octobre publiait les résultats d'un sondage sur les choix du «reste de la planète».

Voici une partie de ce texte :

«Impossible de prévoir si les Américains voteront en masse pour Barack Obama le 4 novembre prochain. Ce qu'on peut prédire sans crainte de se tromper, en revanche, c'est que le sénateur démocrate remporterait une victoire écrasante si le reste de la planète pouvait voter.

« C'est ce que révèlent les résultats de sondages commandés par huit quotidiens nationaux dans le monde – à l'initiative de *La Presse* – que nous dévoilons aujourd'hui.

« Dans chacun des huit pays sondés, Obama l'emporterait haut la main. À commencer par la Suisse, où le sénateur de l'Illinois récolte 83 % des appuis, contre uniquement 7 % pour John McCain.

« Le Canada est le second pays où Obama compte le plus grand nombre de partisans : 70 % des Canadiens voteraient pour le candidat démocrate à la présidence. Son rival républicain devrait se contenter de 14 % au pays de Stephen Harper.

« La nation où McCain est le plus populaire est la Pologne, qui a soutenu la guerre en Irak de George W. Bush. Malgré tout, l'avance d'Obama y est presque insurmontable : 17 points de pourcentage. »

Vendre des vêtements à des Chinois : défi ou illusion ?

Dans un autre contexte, un homme d'affaires québécois me racontait un jour qu'il avait dirigé en Chine une délégation commerciale de fabricants de vêtements à valeur ajoutée. Lors de la première rencontre, les clients chinois avaient fait dresser une longue table joliment décorée au bout de laquelle ils s'étaient installés à une distance appréciable des industriels du Québec. À la fin de la rencontre, les Québécois ont suggéré à leur organisateur de modifier la mise en place lors de la prochaine réunion. « Enlevons les fleurs ainsi que la décoration et plaçons-nous autour d'une table ronde avec quelques bonnes bières et faisons des affaires…», dirent-ils. Au Québec, l'idée d'une table ronde à la manière du légendaire roi Arthur aurait probablement constitué une bonne initiative. En Chine, où les protocoles ont toujours droit de cité, le scénario est tout autre, et ce changement ne fut pas bien perçu. Ce sont les hommes d'affaires québécois qui avaient intérêt à se rendre crédibles aux yeux de leurs clients chinois, en tenant compte des critères de ces derniers. Ils ont échoué !

Nicole, de qui j'ai parlé au tout début, a également constaté que, si son comportement allait à l'encontre des conventions valorisées par son organisation, cela pouvait nuire à sa crédibilité. Soucieuse de la gérer, et dorénavant à l'affût des critères attendus, elle apprit par un collègue gestionnaire de la région de Québec que plusieurs cadres voyaient d'un mauvais œil le fait qu'elle ne participait jamais au tournoi de golf annuel de la banque ; cependant, ce qu'on lui reprochait surtout, c'était de ne pas toujours être présente aux rencontres de cadres tenues à Québec en raison du fait que la majorité de ses employés travaillaient à Montréal. Au regard de ses pairs, ces deux non-conformités aux habitudes de l'entreprise, sans être un enjeu majeur, n'aidaient pas sa cause.

On parle ici de l'aspect géographique des pratiques sociales d'une communauté et celles-ci comprennent l'ensemble des valeurs qui constitue la culture d'une organisation. Il n'est pas nécessaire d'être un expert en affaires pour comprendre que les critères d'une entreprise à but lucratif sont différents de ceux d'une organisation à vocation humanitaire.

Afin de mieux saisir cette notion de convention lorsqu'il s'agit de crédibilité, je vous suggère de comparer les critères qui servent à définir les valeurs de l'entreprise pour laquelle vous travaillez actuellement avec ceux de votre milieu de travail précédent ; ces critères correspondent à ce qui est explicitement ou implicitement attendu et valorisé : par exemple, la tenue vestimentaire, les diplômes, les activités sociales ou sportives, le rendement, etc. Alors, constatez-vous des différences ?

LA CRÉDIBILITÉ EST ÉGALEMENT CONJONCTURELLE

Je crois, en effet, que le contexte et la conjoncture peuvent influer sur les critères. Voici quelques exemples.

Les polices de quartier

Il y a quelques années, un membre dirigeant du Service de police de la Ville de Montréal (SPVM) me faisait part des réactions vigoureuses des membres du corps policier, déçus, voire fâchés, de se faire dire qu'ils ne correspondaient pas au profil type d'une police de quartier. La taille, la force physique - des caractéristiques qui avaient fait la renommée de certains agents - étaient maintenant perçues comme des critères inadéquats dans le nouveau profil des policiers de quartier, fondé principalement sur les capacités de RELATIONS avec les citoyens et les instances politiques, et non sur la force musculaire. *Autres temps, autres contextes, autres critères.*

Une gestionnaire qui n'y comprend plus rien

Pendant vingt ans, Brigitte a occupé des fonctions de cadre supérieur dans le réseau de la Santé et des Services sociaux. Sa crédibilité reposait spécialement sur ses compétences techniques et sur sa capacité à obtenir des résultats probants. Au fil des ans, sous le leadership d'une nouvelle directrice générale, son établissement a décidé que la *gestion du climat de travail* devenait aussi importante que la concrétisation des résultats opérationnels. Incrédule, Brigitte a gardé le cap sur la qualité et les résultats, malheureusement souvent au détriment du climat de travail. À plusieurs reprises, sa directrice générale lui a rappelé l'importance de la qualité des résultats, mais aussi l'obligation de ne pas compromettre pour autant le climat de travail. Après plusieurs rappels des nouveaux critères de crédibilité additionnels et non négociables pour la directrice, Brigitte a été invitée à aller s'épanouir ailleurs. Autres temps, autres contextes, autres critères…

LA CRÉDIBILITÉ EST ÉGALEMENT SECTORIELLE

Il est possible d'être crédible dans un champ donné et pas dans un autre. Personne n'est tenu de correspondre aux critères de tout un chacun dans tous les domaines, la crédibilité universelle étant une illusion ancrée dans l'imaginaire. L'astrophysicien Hubert Reeves est un savant indiscutablement crédible aux yeux d'une majorité de personnes. Cependant, si on évaluait, par exemple, sa crédibilité dans les secteurs financier ou politique, serions-nous convaincus que sa performance y serait tout aussi remarquable? Personne n'est omniscient. Ce qui n'empêche pas certains médias de continuer à surutiliser des personnalités extérieures ou des experts pour avoir leur avis sur des problèmes qui sortent de leur champ de compétence. C'est ainsi que l'on a pu voir à la télévision des techniciens, des artistes et des écrivains donner leur opinion sur la situation en Afghanistan ou sur l'avenir des obligations à haut risque à la Bourse, ces personnes s'étant montrées préalablement intéressantes dans leur domaine. En les interrogeant sur des sujets loin de leur secteur d'activité, cela risquait de nuire à leur crédibilité. Puisqu'on ne peut pas être compétent dans tous les domaines, nous aurions intérêt à ne pas nous aventurer dans des sentiers manifestement éloignés de notre champ d'expertise.

Cette réflexion nous rappelle qu'il existe un piège : celui de se risquer dans des secteurs où nous n'avons pas la correspondance aux principaux critères attendus.

* * *

En résumé :

La crédibilité est non seulement subjective, mais elle est aussi temporaire, ou plus précisément fluctuante ; elle est culturelle, conjoncturelle et sectorielle.

La crédibilité universelle n'existe pas ! Désolé !

Chapitre III
Tout le monde peut mesurer sa crédibilité

Une approche intéressante pour mesurer sa crédibilité consiste à évaluer si la personne, l'équipe ou l'organisation concernée recueille les avantages ou les bénéfices habituellement liés à une crédibilité positive. Pour « coter » les personnes, on pourra s'attarder à l'écoute donnée, à l'influence exercée, à la marge de manœuvre attribuée, au leadership, etc. (Voir le chapitre V sur les gains de la crédibilité.)

Pour les équipes ou les organisations, on examinera le nombre de clients et la fidélité de ces derniers, la facilité de recruter et de garder du personnel de qualité, le chiffre d'affaires, la rentabilité, etc.

Mais, bien entendu, la meilleure manière de savoir comment se porte notre crédibilité sera toujours de le demander…

En conférence, lorsque je dispose de peu de temps pour consulter les participants sur leurs critères de crédibilité, je leur propose d'emblée de m'accorder une cote de crédibilité, sur une échelle de 0 à 10, ce dernier chiffre représentant, bien entendu, la note maximale. Je leur explique qu'étant donné que nous traiterons de crédibilité, il est inévitable qu'ils évaluent la mienne au début, pendant et à la fin de la conférence. Le vote se fait à main levée.

Je commence par leur demander : « Les personnes qui m'accordent une cote de 0 à 1, veuillez, s'il vous plaît, lever la main. » Habituellement, il y a toujours un minimum de participants qui se manifestent. Je me permets alors de faire remarquer que les courageux sceptiques qui m'accordent cette note en matière de crédibilité au début de ma conférence sont probablement des gens qui, au moins une fois dans leur vie, ont accordé trop rapidement de la crédibilité à quelqu'un, ce qui les a rendus doublement prudents depuis.

Puis je demande à ceux qui me donnent une cote de 2, 3 ou 4 de lever la main. Une fois le décompte fait, je formule comme hypothèse que ceux qui ont levé la main sont ceux qui se disent ouverts et qui disent volontiers : « Vas-y, on te fait confiance », ce qui en réalité signifie : « Commence, on t'évalue… »

Par la suite, je demande quels sont les participants qui m'accordent 5, 6 ou 7 comme cote de crédibilité. À ceux-là, je réponds, badin, que s'ils me notent ainsi, c'est probablement parce qu'ils sont des amis du comité organisateur ou qu'ils sont ceux qui, traditionnellement, donnent la chance au coureur. Enfin, je demande quels sont ceux qui m'attribuent la note 8 ou 9 ; toujours avec un brin d'humour, je leur fais valoir que ceux qui sont prêts à me coter aussi généreusement sont sans nul doute les membres du comité organisateur! Toujours est-il qu'après quelques secondes seulement, tous les gens dans l'assistance sont en mesure de me donner une cote, ce qui démontre, à mon avis, que chacun a des critères pour évaluer la crédibilité des autres et que le tout se joue en général – et très rapidement – sur des perceptions.

Quant aux organisations et aux professions, elles disposent, au Québec, depuis plusieurs années, d'un outil parlant et riche en information.

Je fais référence ici au sondage annuel effectué par la firme Léger Marketing.

En ce qui concerne les entreprises, la page suivante présente des extraits des données du sondage Léger Marketing publié dans le journal *Les Affaires*, qui comprend le tableau des 30 premières entreprises les plus admirées des Québécois.

Malheureusement, ces sondages n'indiquent pas sur quels critères reposent les évaluations... Toutefois, si on discute du sujet avec des clients, des collègues et des amis, on se rend compte qu'un certain nombre de critères reviennent pour des entreprises fréquemment primées comme Google, Rona, le Groupe Jean Coutu et le Cirque du Soleil. Toutes affichent, chaque année, des succès financiers; leurs porte-parole ou leurs présidents sont charismatiques, qu'il s'agisse des Robert Dutton, Guy Laliberté, Jean Coutu ou Eric Schmidt; l'innovation les caractérise et toutes ont des valeurs humanistes.

Quand on les examine séparément, on découvre des particularités qui leur sont spécifiques; je suis porté à croire que Rona a visé juste en recrutant de plus en plus d'employés d'expérience pour bien faire ressortir le critère de compétence. Le Groupe Jean Coutu continue de nous montrer son côté ambiance familiale, le Cirque du Soleil nous éblouit sans cesse en proposant au public des performances hors de l'ordinaire ; et Google se présente comme un modèle de créativité et d'innovation grâce à son ambiance de travail très détendue, très « cool ».

**Palmarès des entreprises les plus admirées au Québec,
effectué en collaboration avec Léger Marketing**
(*Les Affaires*, du 20 au 26 février 2010)

Entreprises	Bonne opinion en %	Mauvaise opinion en %	Ne connaît pas	Indice 2010 *
1. Google	95	1	4	94
2. Cirque du Soleil	95	2	3	93
3. Groupe Jean Coutu	95	4	1	91
4. Sony	94	3	3	91
5. CAA-Québec	93	2	5	91
6. Honda	94	4	2	90
7. Rona	94	4	2	90
8. Bureau en Gros	93	3	4	90
9. Pharmaprix	93	3	4	90
10. Metro	94	5	1	89
11. Toyota	93	4	3	89
12. Uniprix	92	3	5	89
13. Familiprix	91	2	7	89
14. Canadian Tire	94	6	0	88
15. Société Radio-Canada	93	5	2	88
16. IGA/Sobeys	92	4	4	88
17. Bombardier	92	5	3	87
18. Rôtisseries St-Hubert	91	6	3	85
19. Biscuits Leclerc	88	3	9	85
20. Sico	87	2	11	85
20. Cascades	87	2	11	85
20. Danone Canada	87	2	11	85
23. Tim Hortons	91	7	2	84
24. Re/Max	89	5	6	84
25. Benjamin Moore	86	2	12	84
26. Postes Canada	91	8	1	83
27. Nestlé Canada	89	6	5	83
28. IKEA	88	5	7	83
29. Motorola	87	4	9	83
30. Mazda	89	7	4	82

* L'« indice 2010 » représente la différence entre les pourcentages de bonnes opinions et de mauvaises opinions.

Chapitre IV

Comment décoder les critères
des interlocuteurs ciblés

ÉCOUTER

Je pense que l'on peut décoder de plusieurs façons les critères de crédibilité des interlocuteurs. La première consiste à ÉCOUTER en s'intéressant aux critères implicites qui se cachent derrière leurs paroles ou leurs écrits. Selon vous, lorsque les gens parlent par exemple de leur entourage au travail, croyez-vous qu'ils énoncent leurs critères de crédibilité? Indirectement peut-être, mais presque toujours. Ainsi, quand un client vous dit d'un ton enthousiaste: «J'ai rencontré hier un fournisseur poli, aimable, accommodant, intelligent, bien mis, rigoureux, avec un bon sens de l'humour...», à quoi fait-il référence, à votre avis? À ses critères!

Je me souviens d'une situation où je donnais une conférence sur le thème «Le pouvoir de la crédibilité» à un groupe d'environ 200 cadres d'Hydro-Québec. Avant de me présenter, M. André Caillé, alors PDG de cette société d'État, prit la parole pour échanger quelques idées avec son personnel. Pendant son allocution qui dura une vingtaine de minutes, je notai ses critères de crédibilité à partir de ce qu'il disait valoriser, ou suivant ce qu'il ne supportait tout simplement pas. Cela m'a donné l'idée de demander au début de ma conférence ce que les participants avaient retenu comme critères au cours de l'allocution de leur président. Après un silence éloquent, une seule personne a été en mesure d'en mentionner quelques-uns. Entre autres, M. Caillé insistait pour que son entreprise soit «gourmande». Il ne parlait pas de prétentions expansionnistes, de rentabilité effrénée pas plus que de gastronomie, mais de cette appétence qui devait pousser le personnel à procurer à l'entreprise une plus grande visibilité à l'international, et que par cette démarche il puisse s'éclater, «tripper» dans le bon sens du terme. Dans cet esprit, j'imagine un gestionnaire d'Hydro-Québec, peu conscient du phénomène de la crédibilité, dire à regret à son président: «Monsieur Caillé, je suis fier d'avoir atteint nos objectifs de direction pour cette année, et je compte bien les maintenir pour les années à venir…» Quelle belle occasion ratée!

Des fournisseurs peu conscients

Un autre exemple me vient de mon ami Michel, industriel français dont l'entreprise fabrique, entre autres, des pièces de fermetures étanches pour les portes d'avions Airbus. Lors d'un de ses passages au Québec, Michel était venu assister à une journée de formation que je donnais sur le thème de la crédibilité. Au milieu de l'après-midi, lorsque je lui demandai s'il avait un exemple à fournir dans son domaine, il cita une expérience vécue avec Airbus.

L'intensification de la concurrence internationale en aéronautique est un facteur qui ajoute de la pression sur Airbus. Or, dans une optique d'amélioration de sa rentabilité, Airbus avait choisi de revoir sa façon de travailler avec ses sous-traitants, notamment les 3 000 entreprises fournissant des prestations ou certains équipements destinés aux avions. L'avionneur voulait alors rationaliser la gestion de ces sous-traitants, trop nombreux ou trop petits. Airbus annonçait qu'il voulait réduire considérablement le nombre de ses fournisseurs et mettre en première ligne 10 grands fournisseurs. Le critère était on ne peut plus clair : UN NOMBRE RÉDUIT DE FOURNISSEURS.

Étonnamment, certains n'ont pas saisi le message. Je reviendrai, d'ailleurs, sur cet exemple au chapitre IX, qui traite du processus de gestion de la crédibilité. Mon ami m'a raconté que quelques-uns d'entre eux, très sûrs d'eux-mêmes, fiers de leurs produits, ont estimé qu'Airbus ne pouvait se passer de leurs services. D'autres ont choisi de correspondre aux critères attendus, après avoir évalué qu'il leur serait impossible de faire changer le critère quant au nombre de fournisseurs. Devinez qui continue à faire affaire avec Airbus ?

On peut décoder les critères de crédibilité des interlocuteurs en écoutant. Cela est également applicable aux félicitations verbales et écrites comme aux plaintes formulées. Il est malheureux qu'en général les organisations ne considèrent pas les griefs comme étant une source d'information fabuleuse sur les critères de leurs clients, fournisseurs et employés. Pourtant, de quoi parlent les plaignants ? De leurs critères, bien entendu !

La deuxième manière de décoder les critères de crédibilité de nos interlocuteurs est :

L'OBSERVATION DES COMPORTEMENTS VALORISÉS

Ce n'est pas raisonnable de toujours avoir raison.

— Denis Gagné

Rien d'officiel

Pour illustrer ce point, permettez-moi de vous raconter cette anecdote concernant un directeur des finances d'une grande entreprise à qui la direction des ressources humaines avait offert la possibilité d'utiliser mes services pour quelques heures. Le directeur se plaignait de ne pas pouvoir accéder au poste de vice-président, malgré ses années de service, sa compétence et sa loyauté. Lorsqu'au début de l'entretien je lui demande s'il a quelque problème de crédibilité, il me répond sèchement : « Pas du tout ; mes employés m'aiment, je suis très efficace, je travaille 60 heures par semaine et je maîtrise parfaitement tous mes dossiers… »

Je lui demande alors pourquoi, selon lui, ses tentatives pour devenir vice-président sont demeurées lettre morte. Il n'en savait rien et ne comprenait vraiment pas. Après lui avoir fait part du double aspect subjectif de la crédibilité – à savoir les critères des autres et la perception de la correspondance ou non à ceux-ci –, je l'interroge pour connaître les critères de base dont se servent le président et les autres vice-présidents pour évaluer un candidat. Sa réponse : « Ça devrait être…» Lorsqu'on commence une phrase par un tel conditionnel, il y a de fortes chances d'errer puisqu'on révélera ses propres critères. Je lui rappelle que la crédibilité est fonction des critères des autres, et non pas de ses critères personnels. Alors, pourquoi la haute direction restait-elle insensible à sa volonté manifeste de faire partie de l'équipe des vice-présidents?

Quels étaient selon lui les comportements autres que ceux liés à la compétence qui semblaient communément valorisés par le président et ses collègues. Après une brève réflexion, il confirma que tous sont minces, non-fumeurs, adeptes d'habitudes alimentaires saines et qu'ils s'entraînent en vélo de trois à quatre fois par semaine. Puis, il ajouta : « Êtes-vous en train de me dire que mon surplus de poids et mon statut de fumeur sont des obstacles à mon accession à un poste de vice-président?» De tels critères ne seront sans doute jamais affichés au tableau de promotion pour le prochain poste de vice-président aux finances de cette société, mais on peut supposer qu'ils existent… et qu'ils comptent!

DEMANDER LES CRITÈRES

La troisième manière permettant de décoder les critères de crédibilité des interlocuteurs consiste tout simplement À LES DEMANDER. Pourquoi un conseiller en placements financiers ne pourrait-il pas demander à ses clients les critères à partir desquels ils ont évalué sa crédibilité au départ, et ceux à partir desquels ils l'évalueront au fil du temps? Pourquoi le conférencier ne devrait-il pas demander à ses clients sur quels critères se joue sa crédibilité? Je me livre à cet exercice depuis quinze ans, et certains critères ressortent avec la régularité d'une horloge suisse :

- un sujet novateur, original,

- du dynamisme,

- un contenu pratique et applicable au contexte de l'organisation,

- l'universalité des propos (que chaque auditeur présent, quelle que soit sa catégorie d'emploi, y trouve des applications concrètes),

- la qualité non seulement de l'exposé mais aussi celle des réponses aux questions,

- un humour spontané et intelligent,

- une présentation qui permet des prises de conscience individuelles et collectives,

- le respect intégral de l'horaire,

- la maîtrise manifeste du contenu (pas de notes à consulter),

- des applications sur les plans professionnel et personnel.

Pour les gestionnaires, l'exercice peut s'avérer tout aussi profitable. Cependant, afin d'éviter de laisser entendre aux employés que cette information leur permettra de correspondre à tout prix à leurs critères, je suggère à ces dirigeants d'ajouter une question : « Comment pourrais-je demeurer crédible quand je devrai prendre des décisions impopulaires ou implanter un changement non souhaité ? »

De retour à Nicole

«Demander les critères». C'est précisément cette option qu'a choisie Nicole, la cadre banquière, dans le but de tenter de se refaire une crédibilité. Ne connaissant pas elle-même le nouveau vice-président, source de ses ennuis, elle s'adressa alors à la directrice des ressources humaines, qui le connaissait bien, afin de savoir sur quoi il s'était fondé pour lui adresser un ultimatum. C'est alors qu'elle apprit que ce cadre supérieur ne s'était appuyé que sur le témoignage d'une personne, crédible à ses yeux : son prédécesseur.

Nicole, en effet, s'était un jour rendue en Ontario pour assister à une rencontre importante. Au cours de cette réunion, le vice-président de la Banque à Toronto avait remarqué que Nicole s'était mise à trembler lors d'une discussion plutôt animée. Il avait par la suite communiqué avec son homologue à Montréal pour lui raconter ceci : «Pour les prochaines rencontres, je vous saurais gré de me déléguer à Toronto une personne dotée du calme et de l'assurance nécessaires à cette fonction.» Il n'en fallait pas plus pour qu'elle perde du crédit.

Or, Nicole souffre d'une maladie, qui se manifeste notamment par des troubles verbomoteurs. Mise au courant de cette situation, Nicole réagit en disant : «Ce n'est pas juste… Il a mal interprété mes réactions, c'est de la discrimination pure et simple !» Bien sûr, ce n'était pas juste… Puis, d'un air désespéré, elle m'a demandé : «Me faudra-t-il dorénavant aviser chaque nouvel interlocuteur de cette maladie et de ses conséquences possibles ?»

Gérer sa crédibilité, c'est gérer la perception des autres à notre égard. Il est clair que chacun est totalement libre de ne pas s'en soucier, à condition, bien sûr, d'en assumer les conséquences...

Lorsque nous avons bien repéré les critères des interlocuteurs, nous nous trouvons en meilleure position pour décider si nous voulons y correspondre ou pas.

Des critères invisibles

Certains critères semblent moins évidents mais demeurent tout aussi importants, bien qu'ils soient parfois difficiles à décoder. Je me rappelle une situation où je suis passé bien près de ne pas réussir à déceler les principaux critères de mes clients. Une grande entreprise manufacturière du Saguenay avait sollicité des offres de service pour l'élaboration et la diffusion d'activités de formation pour tout son personnel au Canada. L'appel d'offres s'énonçait ainsi : «Pour le renforcement de comportements sécuritaires responsables». À une certaine étape du processus de sélection, je fus informé que notre firme (Réseau DOF) était toujours en lice pour l'obtention du contrat, et que la décision finale se prendrait par un groupe d'employés syndiqués devant lequel les deux firmes finalistes seraient appelées à présenter une séance de formation de deux jours.

Me voilà donc désigné pour aller passer ce «test» au Saguenay. À la fin de la première journée, j'avais l'impression d'avoir marqué des points, mais j'avais aussi la sensation de ne pas avoir encore atteint l'impact visé. Après avoir procédé à l'évaluation de la journée, je mentionnai que je ne rentrais pas à Montréal et que j'étais disponible pour boire un verre avec le groupe, dans la mesure où les membres en avaient l'intention. Des yeux se sont alors écarquillés. Sans doute pour gagner du temps, un participant me demanda si j'aimais la bière ; après quelques regards échangés de part et d'autre, un autre m'informa que je pouvais partager leur activité sociale. Je leur ai donc proposé de payer la première tournée et de nous rendre au bar de l'établissement hôtelier où se donnait la formation.

Quelqu'un me répondit alors qu'ils préféraient se rendre au centre-ville. Je suis donc monté avec un de mes clients pour aller à leur brasserie habituelle. Une fois installé, je n'ai pas commandé une «Boréal rousse», une «Blanche de Chambly» ou une «Stella Artois»; comme tout le monde, j'ai demandé une marque populaire. Quelques minutes plus tard, la serveuse m'apportait ce qu'on appelle «une grosse bière», en double évidemment, puisque c'était l'heure du cinq à sept. Vous vous imaginez bien qu'à ce moment-là, les critères de crédibilité n'avaient plus rien à voir avec les compétences. Ils ressemblaient plutôt à ceci : «Sera-t-il capable de les boire et d'être avec nous, en forme, demain matin ?» Après avoir passé une heure à boire et à discuter, je me suis permis de leur demander à partir de quels critères ils évaluaient la crédibilité d'un formateur.

La réponse fut instantanée : «Depuis combien de temps n'avez-vous pas visité nos installations et examiné nos équipements ?» Un peu décontenancé, j'ai dû reconnaître que cela faisait au moins une dizaine d'années que je n'avais pas mis les pieds dans leur établissement. Sachant qu'au Québec reconnaître ses erreurs confère une certaine crédibilité, je savais que je prenais un risque calculé. Quelqu'un me demanda alors ce que je comptais faire après l'heure de l'apéro, étant donné qu'ils pouvaient, avec leurs collègues qui étaient en poste le soir à l'usine, m'organiser une visite. À votre avis, avais-je intérêt à accepter une telle invitation ? Je me suis donc privé de manger ce soir-là et je me suis payé une visite industrielle de quatre heures.

Le lendemain matin, tout ce que je disais avait pris une valeur différente. On m'encourageait, on ajoutait à mes exemples. Bref, l'impact de ma nouvelle crédibilité était assez manifeste. J'avais donc été perçu comme correspondant à deux de leurs critères.

Le premier, en acceptant de les accompagner à une de leurs activités courantes, prouvait que je m'intéressais à eux en tant que personnes, et non seulement en tant que clients, et que je pouvais faire partie du groupe ou être « one of the boys ».

Le deuxième, après leur avoir demandé quels étaient leurs critères de crédibilité (en l'occurrence la mise à jour des connaissances de leurs lieux de travail et de leurs équipements) et choisi d'y correspondre, m'avait fait marquer des points. Bien entendu, il ne faudrait pas tirer une conclusion hâtive et s'imaginer que boire une grosse bière confère automatiquement de la crédibilité à tout le monde. Mais l'identification des critères de crédibilité des interlocuteurs constituera toujours le fondement de la gestion de sa propre crédibilité.

Soulignons que des entreprises, conscientes de la difficulté des organisations à recueillir, ordonner, analyser et synthétiser l'information concernant les critères de satisfaction ou d'insatisfaction des clients, ont décidé d'offrir un «service de gestion de la réputation». C'est ainsi, par exemple, que la société Pages Jaunes annonçait récemment qu'elle comptait offrir en cours d'année un service où elle aidera les entreprises à «mettre le doigt sur ce que leurs clients disent d'elles pour qu'elles soient capables de réagir ou de répondre, d'avoir un *feed-back* ou de passer à l'action comme elles le jugent bon».

On peut expérimenter seul l'identification des critères d'interlocuteurs ciblés, ou en compagnie d'une autre personne que vous aurez sensibilisée aux notions de crédibilité et qui acceptera de se prêter au jeu.

1. Rencontrez ensemble un *client* dans le *cadre* de vos fonctions régulières et portez une attention particulière à ses critères (ceux qu'il mentionne et ceux que vous décodez d'après les comportements qu'il valorise).

2. Chacun de votre côté, dressez la liste des critères que vous lui attribuez.

3. Comparez les critères énoncés par votre collègue avec ceux que vous aurez notés.

4. Essayez de comprendre ce qui vous a permis d'établir ces critères, et tentez de dégager un consensus.

Je parie que vous serez étonné de constater à quel point l'identification des critères est relativement facile *quand on choisit de s'y intéresser explicitement.*

Je vous suggère également de répéter cet exercice avec, mine de rien :

■ un patron,

■ un personnage public en entrevue à la radio ou à la télévision,

■ un membre de votre famille,

■ etc.

Vous vous rendrez compte que, avec la pratique, l'identification des critères deviendra presque un réflexe ou, à tout le moins, un exercice aussi facile qu'utile.

* * *

En résumé :

Il existe trois moyens afin de trouver les critères des interlocuteurs ciblés :

1. Écouter en ayant l'objectif d'établir les critères et de les classer par catégories.

2. Observer les comportements valorisés de façon à les traduire en critères.

3. Demander directement les critères.

Chapitre V
Les gains potentiels de la crédibilité pour une personne, une équipe ou une organisation

Avant d'expliciter les critères principaux et secondaires à partir desquels la crédibilité des personnes, des équipes et des organisations est généralement évaluée, il semble utile d'explorer les gains potentiels qui en découlent. En guise de préparation, je vous invite à prendre le temps d'examiner les gains dont bénéficient les personnes ou les organisations crédibles à vos yeux.

LES GAINS POTENTIELS POUR UNE PERSONNE

De l'influence

Même si bien des gens commencent leur phrase par : « Je ne voudrais pas vous influencer, mais… », la plupart des professionnels veulent justement avoir de l'influence et de l'impact sur leur environnement. En ce qui me concerne, j'estime que l'influence est le gain le plus important que l'on puisse lier à la crédibilité.

Nous avons tous déjà participé à des réunions. Quand une personne crédible exprime son opinion, les autres réagissent souvent en faisant des liens avec ce qu'elle vient de dire : c'est ce qu'on appelle influencer le cours de la discussion. L'intervention d'autres participants moins crédibles tombe souvent à plat, et n'a pas vraiment d'impact sur la décision qui doit être prise.

Pourquoi, selon vous, les fondations et les organismes caritatifs sont-ils à la recherche de porte-parole crédibles ? Sans doute parce que leur crédibilité influe de façon positive sur le comportement des donateurs ; d'ailleurs, ceux-ci s'empressent de se dissocier lorsque certaines révélations troublantes sur leur vie privée ou profession-nelle risquent de faire ombrage à une campagne de finan-cement en cours.

De l'estime de soi

On peut facilement imaginer l'impact de la non-crédibi-lité sur l'estime de soi. Entrer au travail chaque matin en sachant qu'on est considéré comme une personne non crédible doit être plutôt démobilisant.

Rappelez-vous, quand vous étiez jeune, la composition des équipes sportives spontanées ! Les bons joueurs étaient toujours choisis en premier. Ceux qui étaient moins doués, donc moins crédibles pour faire la compétition, étaient accueillis presque par pitié au terme de la sélection : un dur coup pour l'ego !

Dans un autre ordre d'idées, il est toujours valorisant d'être sollicité pour donner son avis sur un futur projet ou une éventuelle publication. La crédibilité reconnue fait du bien à l'âme.

De l'écoute

Il n'est nul besoin d'élever la voix, l'entourage souhaite écouter les gens crédibles.

Dans une assemblée publique, par exemple, il y a toujours un fond de murmure dans la salle ; des gens font part de leurs commentaires à voix basse ou comblent l'ennui par des remarques sarcastiques à l'égard des personnes qui prennent la parole. Avez-vous remarqué que, lorsqu'une personne très crédible s'avance au micro, on entendrait voler une mouche ?

Du temps

Imaginez un employé perçu comme *peu crédible* par son patron et qui appelle celui-ci pour lui annoncer son intention d'aller de l'avant avec un nouveau projet ; il y a fort à parier qu'il subira un interrogatoire long et fastidieux à ce sujet. Imaginez maintenant un autre employé perçu comme étant *très crédible* par son supérieur immédiat et qui lui fasse la même proposition. La réponse sera probablement : « Passe me voir », ou encore mieux : « Vas-y ! Fonce ! »

Quand on dit que le temps, c'est de l'argent, le fait d'avoir un conseiller en placements crédible peut vous permettre de saisir rapidement certaines occasions que vous perdriez sans doute si vous deviez faire des recherches comparatives avant de donner votre aval à sa recommandation. Donc, la personne crédible gagne du temps non seulement pour elle-même, mais aussi pour son entourage.

Des alliés pour gérer sa crédibilité

Étant donné qu'il existe et existera toujours des gens empressés de miner votre crédibilité pour toutes sortes de raisons, il est réconfortant de savoir que les personnes qui vous accordent de la crédibilité sont des alliés puissants pour faciliter et défendre la vôtre, même en votre absence.

J'ai toujours été fasciné par les capacités de médiation des adjointes administratives, des secrétaires, voire des réceptionnistes, auprès de leur patron. Quand vous êtes crédible auprès de ces personnes, elles intercèdent naturellement en votre faveur, et la réponse à votre appel ou le rendez-vous convoité s'effectuent avec douceur, dans des délais inespérés.

De même, lorsque votre crédibilité est entachée par une situation désolante indépendante ou non de votre volonté, personne n'est mieux placé qu'un confrère crédible auprès de votre client pour mettre l'événement en contexte, pour parler de vous en bien ou pour nuancer un jugement hâtif.

Quand nous sommes crédibles auprès de plusieurs personnes, nous bénéficions de tout un réseau de collaborateurs à la gestion de notre crédibilité individuelle ou collective.

De la marge de manœuvre

Les gens crédibles disposent d'une marge de manœuvre et d'une liberté d'action plus étendues. Ils bénéficient d'un préjugé favorable qui leur permet une plus grande tolérance à l'erreur (pas à la bêtise récurrente, bien sûr).

Un chef cuisinier célèbre et reconnu dans les milieux de l'innovation gastronomique vient d'être embauché par un propriétaire de restaurant haut de gamme. Il y a fort à parier qu'il aura carte blanche pour la composition des menus et même pour inscrire « improvisation du chef » en table d'hôte.

De même, quand nous sommes crédibles, on nous demande moins de rendre des comptes et on bénéficie d'une période d'essai plus longue lorsqu'on désire sortir des sentiers battus.

Des gains financiers et matériels

Nous savons tous, d'expérience, qu'une bonne crédibilité permet en général d'obtenir de meilleurs salaires, de meilleurs avantages, de meilleurs bonis et de meilleurs profits.

Quand nos services sont appréciés, voire réclamés, on bénéficie d'un pouvoir de négociation peu commun. On a tous vu des personnes qui, au moment de l'obtention d'un poste, ont réussi à exiger un bureau fermé, une voiture de remplacement, un pied-à-terre dans une autre ville, voire une participation immédiate à l'actionnariat de l'entreprise.

De meilleures possibilités de promotion

Une grande crédibilité permet de se voir accorder des rôles dont l'impact sera plus important dans l'ensemble de l'organisation.

Le programme de relève des cadres, dans la fonction publique, en est un bel exemple. À partir de certains critères de crédibilité préétablis, les organisations ont procédé à un exercice rigoureux d'identification des talents et ont offert à ces personnes dites à «haut potentiel» un programme de formation sur mesure, avec diverses conditions facilitantes de réalisation.

Des mandats de qualité en plus grande quantité

Les gens crédibles se voient confier une plus grande quantité de mandats, plus intéressants et plus stimulants, car on estime qu'ils sont en mesure de les mener à bien. On m'a fait remarquer un jour que ce gain pouvait être perçu comme un handicap puisque les personnes crédibles pouvaient se retrouver envahies ou débordées. Ce risque existe bel et bien ; cependant, le vrai problème ne réside pas tant dans la quantité de mandats qu'on leur confie que dans leur difficulté à négocier la réalisation de ceux-ci ou à les refuser alors que, justement, leur crédibilité les placerait en position de le faire.

Néanmoins, elles auront toujours accès à plus de choix ou se verront offrir les premiers choix tant et aussi longtemps que leur nom sera synonyme de correspondance élevée en regard des critères recherchés.

On peut ainsi dire que la crédibilité multiplie, de facto, les occasions de se faire valoir et d'accroître davantage sa crédibilité.

Une information plus abondante et de meilleure qualité

Il est bien connu que l'information est souvent «le nerf de la guerre» ou, comme le disent les membres de cabinets politiques, que «l'information, c'est le pouvoir». En général, on fournit plus volontiers une grande quantité d'informations à une personne réputée crédible, alors que l'on a tendance à limiter ou à retenir ces mêmes informations à celle jouissant moins de cette réputation.

Et que dire de toute l'information non officielle! Elle ne circule que dans les réseaux de personnes crédibles. Les gens se consultent avant la mise en forme de projets, explorent ensemble certaines avenues, valident leurs hypothèses, analysent le contexte et entrevoient des solutions. Toute cette richesse de contenu échappe aux personnes qui ne font pas partie du cercle «intime» des «n'en parle à personne...».

De plus, les personnes crédibles ont accès à une très grande variété de sources d'information: les clients leur parlent, les employés se confient à eux, les patrons les consultent, les lobbyistes les approchent, les fournisseurs leur font des propositions avantageuses...!

Plus de clients et des clients fidélisés

Un détail, peut-être, mais ô combien vital...

Les travailleurs autonomes ou chefs de petites entreprises, comme moi, vous diront qu'il n'y a pas meilleure publicité que le bouche-à-oreille. C'est un énorme avantage que de limiter les énergies aux fins de la sollicitation. Les clients et le personnel de personnes crédibles représentent leurs meilleurs ambassadeurs.

Les clients satisfaits vous rappellent et vous recommanderont. C'est tellement délicat de choisir un fournisseur, d'éviter la surtarification et l'incompétence, de pouvoir travailler en collaboration avec ce dernier…, car trop de gens furent échaudés faute de références personnalisées.

Dans tous les milieux d'affaires, quand une personne s'avère crédible dans un réseau, il est clair que son nom circulera et qu'on communiquera avec elle dès qu'un ou des clients potentiels en manifesteront le besoin.

Il arrive même que des clients soient fidélisés au point où ils vont s'adresser à eux, et ce, pour des services qu'ils n'ont jamais publicisés.

L'ouverture à la créativité

De plus en plus d'organisations veulent que leur personnel développe leur créativité afin que l'entreprise se démarque de la concurrence, et ce, en faisant autrement ou en développant de nouveaux produits ou services. Mais comment se risquer à sortir des sentiers battus lorsque l'on se considère comme peu crédible ? La crédibilité ne rend personne inventif, mais elle facilite la prise de risque nécessaire au développement de la créativité.

Nous avons tous entendu parler de Patch Adams, le médecin américain qui a développé le soutien par le rire en milieu médical. Cette innovation audacieuse n'aurait pas reçu le même accueil de la population et de la communauté scientifique si le fondateur du Gesundheit Institute n'avait pas été un médecin engagé socialement, crédible dans sa pratique et dévoué auprès de ses patients. La crédibilité fournit la sécurité nécessaire pour oser, la tolérance aux erreurs de parcours et le courage d'affirmer des convictions dérangeantes.

La confiance

On dit souvent à propos des gens qu'on trouve crédibles : «J'ai confiance en eux»... Cette confiance est plutôt ce SENTIMENT DE SÉCURITÉ que l'on ressent dans nos contacts professionnels avec eux, grâce à la crédibilité que nous leur accordons dans leur champ d'expertise.

Une des plus belles marques de confiance souvent vues en milieu de travail, c'est lorsqu'un dirigeant considère l'un de ses employés comme suffisamment crédible pour lui confier une responsabilité qui relève normalement de son champ de compétence. C'est le principe de la délégation. J'ai souvenir d'un directeur général qui confiait à son directeur adjoint crédible des dossiers délicats et d'envergure en disant aux autres collaborateurs : «C'est comme si c'était moi... en mieux sur plusieurs points!»

Le respect et la considération

En règle générale, les gens perçus comme étant crédibles, à tort ou à raison, reçoivent des marques de respect et de considération rattachées souvent davantage à leur personne qu'à leur statut.

Aussi sont-ils souvent épargnés de critiques assassines ou virulentes; d'ailleurs, certains artistes jouissent de cette forme d'immunité de la part des journalistes, et le premier qui enfreindrait cette règle implicite serait jugé très sévèrement par ses pairs. René Lévesque, sur le plan politique, aurait, semble-t-il, bénéficié de cette réserve diplomatique.

Du leadership et de la collaboration

Comment ne pas remarquer que les leaders qui obtiennent une étroite collaboration de la part de leurs collègues et de leurs subordonnés sont, comme par hasard, vus comme crédibles? Connaissez-vous d'ailleurs un leader non crédible?

Les gens crédibles sont souvent rassembleurs. J'ai connu un accompagnateur touristique qui travaillait pour un grossiste en voyages; il était à ce point crédible auprès de certains clients qu'il pouvait leur proposer diverses destinations moins connues; ceux-ci lui répondaient: «Avec toi, on irait au bout du monde!» Ses clients étaient prêts à le suivre n'importe où parce qu'il représentait à leurs yeux un gage de sécurité, de qualité de service et de plaisir. La destination devenait moins importante que la relation.

Moins de stress négatif

En raison de tous les gains potentiels énoncés précédemment, j'imagine que, toutes proportions gardées, vous partagerez l'opinion selon laquelle les gens crédibles vivent moins de stress négatif que les autres. Un participant à l'une de mes conférences avait pour sa part suggéré – vous n'êtes pas tenu d'être d'accord – qu'une personne très crédible, grâce aux avantages qui découlent justement de sa crédibilité, bénéficie d'une plus longue espérance de vie!

Le fait de n'avoir rien à prouver en ce qui concerne sa crédibilité constitue un facteur de détente de premier plan.

Quand on est crédible, on n'adopte pas de rôle, on ne craint pas d'être soi-même. On n'est pas anxieux d'avoir à performer, à maquiller ses incompétences, à être vigilant aux gaffes que l'on pourrait commettre. On peut se permettre l'authenticité. C'est d'ailleurs en raison d'une grande crédibilité dont ils jouissent dans leur métier que plusieurs personnages homosexuels publics ont fait leur *coming out*. Si leur carrière avait été précaire, ils auraient sans doute craint davantage les possibles répercussions négatives d'un tel geste.

Cependant, la crédibilité n'empêche pas le trac ; ce souci de satisfaire aux attentes et d'être à la hauteur de sa réputation représente, bien sûr, un certain stress, mais la confiance en soi, les acquis de l'expérience et la maîtrise du contenu permettent d'équilibrer cette tension. C'est ce qu'on appelle le « stress positif » !

L'employabilité

Au-delà du contrat de travail ou de la convention collective, les personnes crédibles bénéficient d'une grande employabilité et sont donc moins soumises aux aléas du marché du travail.

Dans une organisation, ce sont les employés les plus crédibles qui sont courtisés. Le jour où un emploi ne leur convient plus ou que les valeurs organisationnelles ne correspondent plus à leurs valeurs personnelles, ils ne seront certes pas de ceux qui s'accrocheront à leur sécurité d'emploi ; ils ne persisteront pas quand le plaisir s'effritera. La crédibilité, en quelque sorte, c'est la liberté !

LES GAINS POTENTIELS POUR UNE ÉQUIPE OU UNE ORGANISATION

On peut présumer que les gains potentiels de la crédibilité valent autant pour une personne que pour une équipe ou une organisation. Avant d'énumérer ces gains, il conviendrait de se demander combien d'entreprises se sont dotées d'un plan explicite pour gérer leur crédibilité et être ainsi en mesure d'en recueillir les avantages. Pourtant, si l'on en croit des études réalisées par la firme Ernst & Young Canada, en 1983, 35 % de la valeur d'une entreprise était attribuable à sa réputation (ou crédibilité) ; en 2003, c'était 85 % de sa valeur.

En effet, je crois fermement que la gestion de la crédibilité est d'abord un *choix* qui s'accompagne d'une *juste compréhension du phénomène*, en particulier de son aspect doublement subjectif : les critères des autres et leur perception de la correspondance à ces derniers.

Pour mieux illustrer ces gains, prenons l'exemple d'une entreprise très crédible partout dans le monde, le Cirque du Soleil. À leurs débuts, Guy Laliberté et ses collègues fondateurs avaient eu beaucoup de difficulté à emprunter la minime somme de 500 dollars. Des institutions financières seraient aujourd'hui disposées à leur prêter 500 millions de dollars à taux préférentiel ! Si l'on peut se permettre un jeu de mots sans prétention, on pourrait parler de la « crédit-bilité ». En général, crédibilité et marge de crédit vont de pair.

L'attraction de personnel talentueux

Une entreprise comme le Cirque du Soleil est en mesure de recruter les plus grands talents. Elle peut attirer les meilleurs artistes, acrobates, contorsionnistes, clowns, techniciens, musiciens, avocats, administrateurs, etc., venant des quatre coins de la planète. Les personnes de talent savent fort bien qu'elles bénéficieront d'un accroissement de leur crédibilité individuelle si leur nom est associé à une entreprise à succès, à une noble cause ou à une organisation crédible. Le gain est alors mutuel. L'entreprise devient encore plus crédible si elle souligne l'arrivée, dans ses rangs, d'une personnalité reconnue dans son domaine d'activité.

La fidélisation du personnel

L'ensemble des données sociodémographiques prévoit une pénurie de main-d'œuvre qualifiée. L'enjeu sera alors non seulement d'attirer des employés compétents, mais de les garder. Une organisation crédible a évidemment moins de problèmes à fidéliser son personnel. Ce sont les employés de l'organisation qui agissent comme ambassadeurs auprès de leurs collègues et de leurs connaissances afin d'attirer des gens qualifiés et intéressants. Les nouveaux réseaux sociaux (Facebook et Twitter) favorisent ce recrutement spontané. Signe des temps, dans un contexte de pénurie, ce n'est pas un hasard si de plus en plus d'entreprises cherchent à sensibiliser leurs cadres et leurs employés à l'importance de la crédibilité, non seulement des personnes, mais aussi des organisations. Le personnel, en quête de sécurité financière, restera dans les entreprises crédibles, porteuses de contrats importants et constants, dont les risques de fermeture ou de mises à pied sont faibles.

L'accès à des partenaires de qualité pour des alliances profitables

Une organisation crédible a non seulement moins de difficulté à s'associer à des partenaires prestigieux, mais on la sollicite plus facilement pour participer à des projets d'envergure. Le Cirque du Soleil a ainsi pu devenir partenaire de la ville de Las Vegas, des Beatles, de Walt Disney, du Madison Square Garden de New York. En 2008 s'ajoute Tokyo, en 2009 Macao, et en 2010, Dubaï. Les partenaires potentiels intéressants continuent d'affluer.

À une plus petite échelle, les organismes communautaires crédibles en formation de main-d'œuvre et développement d'employabilité se voient confier divers partenariats de services avec le ministère de l'Emploi et de la Solidarité sociale du Québec.

Une marge de manœuvre importante

Dans le cas du Cirque du Soleil, la crédibilité de la société est si élevée que l'on pourrait dire qu'on lui accorde une marge de manœuvre équivalant pratiquement à une « carte blanche », surtout pour l'élaboration des spectacles. De même, des firmes de communication ou des organisateurs d'événements spéciaux se font confier des mandats « clés en main » ou des projets complets, sur la base de leurs réalisations antérieures.

Des fournisseurs bien disposés à l'égard de leurs clients

Les fournisseurs sont ravis d'obtenir des contrats de la part d'organisations crédibles et prestigieuses, sachant fort bien qu'ils peuvent utiliser cette association à des fins publicitaires. Par exemple, les acheteurs de produits britanniques de qualité ne manquent pas de voir au bas d'une boîte de thé, ou sur l'étiquette d'un vêtement, la phrase traditionnelle *By appointment of H. M. The Queen* (Fournisseur de Sa Majesté la reine.)

Au cours de récentes vacances de Noël, ma conjointe et moi étions chez des amis de Rio de Janeiro, qui possèdent une boulangerie. À notre arrivée, ils se sont empressés de nous mentionner qu'ils avaient reçu des commandes du Cirque du Soleil pour la durée du séjour de la troupe à Rio. Est-il nécessaire de préciser que ces amis ont déployé des efforts exceptionnels pour satisfaire leur réputé client et pour profiter ensuite de cette association dans l'élaboration de leur stratégie marketing?

La notoriété

Bénéficiant d'un préjugé favorable auprès d'un grand nombre de personnes et d'organisations ainsi que d'une image sociale positive, les organisations crédibles ont ce qu'on appelle de la notoriété. À notre avis, la notoriété n'est rien de plus, mais rien de moins non plus, qu'une crédibilité très positive auprès d'un public très large.

Les entreprises touristiques n'hésitent pas à afficher les prix d'excellence qu'ils ont obtenus. La qualité de leur service et leur réputation dans le milieu sont un gage d'achalandage et de satisfaction. Ces récompenses feront aussi souvent l'objet de reportages et de critiques journalistiques fort avantageuses pour leur rayonnement.

Le nombre de clients

Ce n'est un secret pour personne : la crédibilité attire des clients en grand nombre. De plus, ceux-ci référeront facilement, et à titre gracieux, d'autres clients potentiels. En fait, les spécialistes de marketing savent que le référencement constitue la meilleure source d'acquisition de nouveaux clients à un coût imbattable.

Tant que l'entreprise demeure crédible, les clients et les fournisseurs ont tendance à maintenir et à développer leurs relations d'affaires avec la société en question. Si l'entreprise perd sa crédibilité, à tort ou à raison, la clientèle risque de se retirer.

Des profits

■ Plus de clients, plus de ventes, plus de profits ;

■ Plus de profits, plus de recherche et développement ;

■ Plus de recherche et développement, plus de produits de qualité, plus de commandes ;

■ Plus de commandes, plus de profits : c'est ce qu'on appelle un cercle vertueux.

Un meilleur climat de travail

La fierté d'œuvrer à l'intérieur d'une organisation crédible est un des principaux leviers de la création du sentiment d'appartenance. S'y greffent aussi l'engagement et le désir profond de mettre la main à la pâte, de maintenir ou renforcer cette crédibilité, et de contribuer activement à la qualité du climat de travail. Il s'agit d'un gain primordial non seulement pour toutes les catégories de personnel, mais particulièrement pour les jeunes de la génération dite «Y», pour qui le CLIMAT DE TRAVAIL devient un critère déterminant à explorer, lorsque vient le moment de se demander s'ils vont rester dans une entreprise ou la quitter.

Chapitre VI
Les trois principaux facteurs de crédibilité

Bien que les études et les sondages de Réseau DOF n'aient pas l'implacabilité de semblables exercices statistiques conduits en recherche scientifique, il n'en demeure pas moins qu'à titre de consultants et de formateurs, au fil des ans, les membres de notre organisation ont eu l'occasion d'interpeller pas moins de 50 000 personnes, surtout au Québec et dans l'est du Canada, afin de connaître leurs critères de crédibilité. Trois facteurs principaux et divers facteurs secondaires ressortent de cette démarche empirique. Même si certains critères reviennent souvent, nous ne pouvons pas pour autant en conclure qu'ils sont universels. Rappelons-nous que la crédibilité est subjective, soumise au regard des autres, selon leurs critères, et ce, à une période précise. Par contre, il semble prudent d'ajouter qu'en l'absence de connaissance des critères explicites de nos interlocuteurs, ces trois facteurs sont susceptibles de prévaloir.

1. *LA COMPÉTENCE*

Vous ne serez pas surpris d'apprendre que la *compétence* perçue constitue le premier critère de crédibilité professionnelle. D'ailleurs, je parierais gros que vous considérez comme compétentes, dans leur champ d'activités professionnelles, les personnes ou les organisations qui représentent à vos yeux des «modèles» de crédibilité, selon l'exercice auquel je vous conviais plus tôt.

Dans le cas du Cirque du Soleil, par exemple, la compétence recherchée porte un nom : la performance autant sur scène qu'en arrière-scène, la performance des acrobates, des danseurs, des musiciens, mais aussi celle des concepteurs de costumes, des responsables en marketing, en ressources humaines, en droit international, etc.

Pour les gestionnaires, la compétence peut revêtir au moins deux aspects ; il y a vingt ans, la priorité était accordée à l'expertise en matière d'habileté ou de connaissances dans son métier bien avant l'expertise en matière de gestion des ressources humaines. Actuellement, celle-ci est devenue un critère aussi important – sinon plus – que l'expertise en matière de contenu. On dit souvent que les candidats en recherche d'emploi choisissent une organisation pour sa notoriété ou sa crédibilité et la quittent en raison de difficultés de relation avec leur supérieur immédiat. Enfin, il ne faudrait pas confondre compétence et qualifications formelles, le diplôme n'étant pas toujours une garantie de compétence. Un jour, un chef d'entreprise voulant me vanter les qualités de ses cadres supérieurs m'a dit : «Ils ont tous des doctorats.» Le fait de posséder un doctorat est certes un atout, mais les compétences requises pour compléter un doctorat et celles nécessaires pour mobiliser une équipe afin d'atteindre des résultats s'avèrent souvent fort différentes.

En effet, la compétence professionnelle d'un cadre comprend à la fois son bagage personnel, sa formation de base et son expérience. Si la compétence technique peut être utile dans certains emplois, elle n'est pas essentielle dans tous les domaines, et peut parfois même différer de la spécialité de l'entreprise. Les meilleurs compteurs de buts ou les plus rapides patineurs ne font pas nécessairement les meilleurs entraîneurs.

2. L'EXPERTISE RELATIONNELLE

L'expertise relationnelle constitue le *deuxième critère* que les interlocuteurs utilisent, tout de suite après la compétence, afin d'évaluer la crédibilité professionnelle. L'expertise relationnelle est faite d'attitudes et de comportements, de savoir-être et de gestes concrets. L'illustration est relativement facile à faire, mais les conséquences de celle-ci sont plus complexes : on accordera en général plus de crédibilité à une personne de compétence suffisante, mais agréable, qu'à une personne extrêmement compétente mais malhabile au chapitre de ses relations interpersonnelles. Vous avez quelqu'un en tête ? En fait, au-delà de la compétence, les interlocuteurs affirment qu'environ *70 pour cent de leurs critères, en moyenne, sont d'ordre relationnel* : ils recherchent des gens qui privilégient l'honnêteté, le courage, la générosité, l'humour, l'humilité, la rigueur, l'authenticité, le respect, etc., dans l'exercice de leur fonction.

Alors qu'ils mentionnent, sans l'étayer, la « compétence » comme premier et incontournable facteur de crédibilité, les clients que j'ai rencontrés détaillent spontanément et abondamment ce deuxième facteur à un point tel qu'on pourrait avancer que pour plusieurs types d'emplois, sans expertise relationnelle, la «compétence est handicapée».

Il vous est d'ailleurs loisible de dresser votre propre liste de critères pour valider cette affirmation. Dans un contexte où les approches autoritaires ont perdu du terrain au profit d'une approche de collaboration, les habiletés relationnelles ont pris une importance auparavant insoupçonnée. Si vous avez un collègue ou un employé qui souffre de lacunes d'habileté ou d'un manque de connaissances dans son métier, un plan de développement des compétences ne sera pas très difficile à élaborer et à mettre en place pour rectifier le tir. Mais lorsque les lacunes sont d'ordre relationnel, la mise sur pied d'un tel plan devient plus complexe, si bien que, dans bien des cas, aucun plan n'est conçu. Voilà pourquoi plusieurs gestionnaires préfèrent «faire cadeau» d'un tel employé à un autre service… sous prétexte qu'on ne peut pas changer la personnalité de quelqu'un. Or, même si chacun a droit à sa personnalité, *les comportements inadéquats ou inacceptables peuvent et doivent être corrigés.*

De plus, l'importance croissante de l'expertise relationnelle comme facteur de crédibilité interpelle de plus en plus les directions de ressources humaines. La pratique courante veut que, lorsqu'on embauche un employé, on évalue surtout sa compétence en plus de vérifier ses diplômes; on espère aussi qu'il aura les habiletés relationnelles requises sans pour autant évaluer celles-ci lors de l'entretien de sélection. Je pense que les directions de ressources humaines se doivent de poursuivre le virage amorcé, d'ajuster le tir et de permettre à leurs organisations de choisir des employés dont les habiletés relationnelles sont manifestes.

À moins, bien entendu, qu'il n'existe une croyance selon laquelle les habiletés relationnelles ne peuvent se développer ; je suis convaincu du contraire, pour avoir vu plusieurs personnes améliorer la qualité de leurs relations.

Une attitude incontournable

Si vous aviez à nommer une seule qualité ou manière d'être à laquelle les Québécois sont très sensibles, et qu'ils considèrent comme incontournable pour l'évaluation de la crédibilité, laquelle choisiriez-vous ? L'honnêteté, le respect, l'écoute, le courage ? Au Québec, nous pouvons soutenir que la qualité primordiale est L'AUTHENTICITÉ. Selon le dictionnaire *Le Robert*, l'authenticité est « la qualité d'une personne, d'un sentiment authentique, une qualité empreinte de sincérité, de naturel, de vérité ». Pour nous, l'authenticité, c'est aussi la capacité de dire la vérité et de se montrer vrai, autant au chapitre de l'information rationnelle que l'on partage (données, faits, notions, etc.) que de l'information affective (c'est-à-dire les sentiments). Par exemple, plutôt que de nier qu'une réorganisation est à l'étude pour ne pas inquiéter ses employés, un dirigeant pourrait dire : « Oui, je sais qu'une réorganisation est à l'étude et qu'elle risque de vous affecter, et j'en suis profondément désolé » ou « Vous avez raison de penser qu'une réorganisation a été décidée ; cependant, pour le moment, cette information est encore à valider, mais sachez que je serai heureux de vous la partager aussitôt qu'elle sera officielle »… L'authenticité ne s'oppose donc pas à l'élaboration d'une stratégie de communication, au respect de celle-ci en guise de solidarité, ni au devoir de réserve. En situation délicate, la transparence peut s'exercer dans une expression empathique et honnête des limites actuelles de l'information à transmettre.

> *Lorsque cet homme m'a avoué à quel point il ne se sentait pas un «vrai» homme, j'ai alors vu en lui un homme vrai.*
> *... Et ça m'a fait du bien.*
> *– Denis Gagné*

Pour illustrer cette affirmation, référons-nous à M. Claude Charron, ancien ministre au Parti québécois. Après être sorti d'un grand magasin avec un manteau sans l'avoir payé, il se fit intercepter dans la rue par une surveillante qui avait vu sa ruse ; il fut donc accusé de vol. Pour ajouter à son embarras, ses ennemis politiques se déchaînèrent contre lui. En plus d'être politicien – donc un personnage public –, M. Charron est un homosexuel, et fut souvent l'objet de sarcasmes et de moqueries de certains adversaires homophobes. Avec franchise et authenticité, il avoua rapidement son délit, même s'il bénéficiait de circonstances atténuantes. Il fut alors condamné, et décida de démissionner de son poste de ministre. Plus tard, avant de quitter la Vieille Capitale, il invita une foule de gens des médias et des fonctionnaires à prendre un verre dans une ambiance décontractée pour, disait-il avec humour sur le carton d'invitation, « ne pas partir comme un voleur »... Ce fut une soirée mémorable à laquelle prirent part de nombreuses personnalités du Tout-Québec.

Claude Charron développa ensuite de nouvelles compétences dans le domaine journalistique et fit une brillante carrière; d'ailleurs, une grande partie du public le considère aujourd'hui comme un des leaders d'opinion les plus crédibles du Québec. Ce même public l'avait absous en raison de sa franchise et de son authenticité. Cette démonstration d'authenticité, jumelée à une recherche réussie de nouvelles compétences, a permis à M. Claude Charron de montrer à la population sa correspondance aux critères de compétence et d'expertise relationnelle.

Même à la tristement célèbre commission Gomery sur le programme de commandites et les activités publicitaires, au printemps de 2005, l'authenticité a bien servi M. Jean Brault, un accusé qui a eu la décence de ne pas nous servir les prétendues pertes de mémoire de ses acolytes et de reconnaître rapidement ses gestes frauduleux.

Cela dit, la partie semble loin d'être gagnée sur le terrain de l'authenticité et de l'honnêteté. Dans leur ouvrage *The Transparency Edge* (McGraw-Hill, 2005), Barbara et Elizabeth Pagano signalent les faits troublants suivants:

■ Dans une étude entreprise aux États-Unis en 1997, 93 pour cent des gens admettent mentir «régulièrement ou habituellement».

■ Les étudiants qui veulent justifier la non-remise de leurs travaux universitaires ou le retard dans ceux-ci admettent avoir menti dans 70 pour cent des cas.

■ Sur 12 750 travailleurs, 63 pour cent seulement estiment que leur employeur est authentique.

La crédibilité, rappelons-le, vient de *credere*, «croire». Lorsqu'on ne dit pas la vérité, comment s'étonner de perdre sa crédibilité? Si ces données sont inquiétantes, il convient de rappeler cet aphorisme du philosophe Friedrich Nietzsche : « Ce qui me dérange, ce n'est pas tant que vous m'ayez menti, mais que dorénavant je ne puisse plus vous faire confiance »...

« *I screwed up* »

« Je pense que cela a été une erreur. Je me suis trompé (*I screwed up*). J'en prends la responsabilité et nous allons faire en sorte de régler le problème pour être sûrs que cela ne se reproduira pas... » Tels sont les mots prononcés, seulement deux semaines après son investiture, par le président Barack Obama, devant une série de représentants des médias après la démission de la conseillère du Budget de la Maison-Blanche, Mme Nancy Killefer, et le secrétaire à la Santé, M. Tom Daschle, tous deux reconnus coupables d'irrégularités fiscales. M. Daschle avait « omis » de payer 140 000 dollars au fisc et paraissait aussi en grave conflit d'intérêts puisqu'il avait touché des millions comme consultant auprès d'industries liées à la santé après son départ du Sénat, en 2005. Pour sa part, Mme Killefer aurait tardé à payer ses impôts concernant une sombre affaire d'aide domestique.

Après avoir fait campagne sur le thème du changement et fait la promotion de l'intégrité, le nouveau président ne pouvait se permettre de donner l'impression « d'appliquer deux poids deux mesures, pour les puissants d'un côté, et pour les citoyens ordinaires qui travaillent tous les jours et acquittent leurs impôts ». En corrigeant ainsi le tir et en reconnaissant ses erreurs, Obama s'est attiré la critique de la meute de ses opposants et même de certains membres de la presse, trop contents de pouvoir ternir si prématurément la lune de miel avec la nouvelle présidence. En Europe, certains journalistes, anti-américains, firent même de l'esprit en forgeant le mot « Obamarre ».

Il est particulièrement intéressant, ici, de constater à quel point les journalistes se sont déclarés surpris, estomaqués, incrédules devant un président américain qui fait preuve d'authenticité et qui reconnaît publiquement et candidement une erreur regrettable ; certains ont même affirmé que cela ne s'était pas vu depuis John F. Kennedy... En effet, beaucoup de gens pensent que reconnaître honnêtement une erreur mine nécessairement la crédibilité ; on n'a qu'à penser à George W. Bush qui qualifie de « très positif » le bilan de ses huit années passées à la présidence...

Autant il est plus facile de reconnaître une erreur lorsqu'on jouit déjà d'une bonne crédibilité, autant la reconnaissance d'erreur contribue généralement à l'augmenter.

Un conseiller en placement qui n'en revient toujours pas

Pour bien illustrer la nécessaire connaissance des critères de crédibilité des interlocuteurs et faire le lien avec les habiletés relationnelles, permettez-moi de vous raconter un fait vécu, assez probant à mes yeux. Il y a quelques années, ma conjointe et moi étions clients d'un conseiller chevronné en placements, d'âge mûr de surcroît. Il avait pris l'habitude de me téléphoner trois ou quatre fois par an ou de me rencontrer pour me tenir au courant de mes dossiers ou pour me recommander des modifications ; bref, il gérait mon modeste portefeuille. À la fin de l'un de ces entretiens, il conclut en me disant que, avec un rendement annuel aussi exceptionnel, tout baignait dans l'huile et que je n'avais plus qu'à aviser «ma petite dame» que toutes ces informations valaient également pour elle, et qu'il n'était donc pas nécessaire qu'il la rencontre ou qu'il lui parle.

Vous comprendrez que la «petite dame» avait des critères additionnels à celui du rendement et que cette preuve d'absence d'habiletés relationnelles ou d'absence de considération a eu comme impact pour ce conseiller la perte de deux clients...

«Nous avons enfin amené la voiture au Canada»...

Un autre exemple nous vient de Renault, qui, dans les années 70, fabriquait au Québec une petite voiture, la R8, et qui plus tard importa la Renault 4, laquelle connut un grand succès chez les jeunes. Malgré la qualité de ses produits, ce constructeur ne réussit jamais à s'implanter solidement dans «la Belle Province». Selon ses propres cadres, son usine de Saint-Bruno était traitée par le siège social comme un genre de «franchise du tiers-monde». Entre autres, la direction de Renault Canada, située à Paris-Billancourt, déclara à cette époque à un journaliste de l'ancêtre du magazine *l'Actualité* que «Renault avait enfin amené la voiture au Canada»...

Lorsqu'on fit remarquer à ce dirigeant, qui connaissait mal le Canada et le Québec, que les Américains et les Japonais y étaient établis depuis belle lurette, il balaya cette objection du revers de la main en déclarant: «Ce ne sont pas des voitures...» Dans un tel esprit, on ne se surprendra pas que cette grande marque ne soit plus ici qu'un souvenir pittoresque. L'*arrogance perçue* a eu pour effet de reléguer au second plan un produit pourtant de qualité.

Un degré de satisfaction surprenant

Le 5 janvier 1998, le ciel est tombé sur la tête d'une partie des Québécois. Le verglas a sévi pendant cinq jours et quatre nuits. Le 7 janvier, un million d'abonnés sont sans électricité. Près de 60 pour cent des six millions de citoyens sont victimes de pannes de courant. Certains, en Montérégie, devront rester six semaines dans le noir! Quelque 36 000 kilomètres de lignes de transmission, 100 000 kilomètres de câbles, 130 pylônes et 3 000 poteaux sont détruits. Cette catastrophe est chiffrée à plusieurs milliards de dollars canadiens (environ 7 G $). À la fin de 1997, selon le service Médias et Affaires publiques d'Hydro-Québec, le taux de satisfaction de la clientèle était de 93 pour cent. Qu'en était-il du taux de satisfaction en ce début d'année 1998, la société d'État étant aux prises avec des pannes majeures? De manière surprenante pour certains, ce taux s'est élevé à 97 pour cent. Cette situation comporte quelques éléments significatifs.

Tout d'abord, le PDG d'alors, une personne plutôt crédible auprès de la population et de la communauté d'affaires, s'est chargé de maintenir un contact quotidien auprès de la clientèle par les voies de la télévision. Vêtu d'un chandail à col roulé blanc arborant clairement le logo d'Hydro-Québec, il se montre au cours de ces apparitions *empathique, compatissant, désolé* des inconvénients, sollicite et souligne la capacité d'*entraide et de solidarité* des Québécois. Cet élément a constitué le facteur dominant de la remontée du taux de satisfaction de la clientèle: on parle ici d'expertise relationnelle. Je rappelle qu'à cette période, dans bien des régions, dont la Montérégie, aucun service d'électricité n'était disponible... Autre facteur non négligeable, le PDG était toujours accompagné d'un expert capable de livrer des informations techniques à la clientèle, un homme dont certaines personnes appréciaient... l'apparence physique.

Pour terminer ce volet sur les habiletés relationnelles, répondons ici à une question qui m'est souvent posée : « Quel lien faites-vous entre les habiletés relationnelles et le charisme ? » Le charisme se compose d'un ensemble d'habiletés relationnelles. On ne naît pas avec ou sans charisme, on le développe par des habiletés de relation. D'ailleurs, sans pour autant penser que chacun doit avoir un grand charisme lorsqu'il s'adresse à un très large auditoire, connaissez-vous un individu dit charismatique qui ne soit pas perçu comme ayant de grandes habiletés relationnelles ?

3. *LES ANTÉCÉDENTS PROFESSIONNELS OU PERSONNELS*

Le troisième facteur de crédibilité réside dans les antécédents professionnels ou personnels. Il va sans dire qu'un dossier sans tache joue de façon positive dans l'évaluation de la crédibilité d'une personne, d'une équipe ou d'une organisation. Les exemples qui suivent corroborent cette réalité.

Lors de ses récents déboires largement médiatisés, le constructeur Toyota semble avoir joué la carte de l'excellence de ses *antécédents* afin de rétablir ou de maintenir une crédibilité fragilisée par deux problèmes : les pédales d'accélération qui se coincent dans les tapis et les volants de ses Corolla. Toyota rappelle à sa clientèle, dans des publicités diffusées à la télévision, à la radio et dans les pages entières de journaux, l'excellence et la longévité de ses antécédents spectaculaires; on y entend ou on y lit, en substance, le message suivant: « Les véhicules Toyota sont conçus et fabriqués en fonction de votre sécurité. Toute notre organisation dans le monde entier a été mobilisée, et nous redoublons d'efforts pour nous améliorer et continuer à offrir des produits de qualité à nos clients. Depuis que nous avons commencé à vendre des voitures, il y a *plus de 45 ans,* nous nous sommes engagés à vous offrir un produit fiable et de qualité. En retour, vous nous avez récompensés par votre fidélité et votre confiance. Notre but est de continuer à mériter cette confiance tous les jours. » Pas de trucs accrocheurs ou de faux-fuyants, mais une reconnaissance de la réalité, une responsabilisation totale à l'égard de la gestion de sa crédibilité et un engagement formel à continuer à présenter des antécédents exceptionnels.

Un jeune gardien de but dans la cour des grands

Même dans le monde sportif, les antécédents, surtout professionnels, influent fortement sur la crédibilité. Le joueur portant le chandail n° 31 du Canadien de Montréal se nomme *Carey Price*. Né en 1987 en Colombie-Britannique dans une famille de sportifs professionnels, il est surnommé *Jesus Price* ou encore *Priceless* (hors de prix). Ce jeune homme de 1,90 m et de 103 kilos a su se servir de son physique impressionnant pour exceller. En plus d'un talent inné, son flegme très britannique lui permet de faire face à la pression de manière remarquable. C'est cette force tranquille qui a permis à ce surdoué de remporter la médaille d'or avec l'équipe du Canada de hockey sur glace junior au Championnat du monde 2007 des moins de 20 ans à Leksand, en Suède. Lors de ces rencontres, il contribue à vaincre les Américains, les Allemands et les Slovaques, particulièrement grâce à ses réactions magistrales en situation « de barrage » (prolongation).

Engagé en avril 2007 pour trois ans par le Canadien de Montréal, il fait d'abord ses classes chez les Bulldogs de Hamilton, le club-école du Canadien. C'est là que son entraîneur remarque ses dons extraordinaires. Lors de la saison 2007-2008, à l'occasion de son premier match dans la LNH, il s'impose en battant les Penguins de Pittsburgh par la marque de 3 à 2. Renvoyé temporairement dans la Ligue américaine pour améliorer sa technique, il est rappelé en février 2008 dans la Ligue nationale où il signe son premier blanchissage le 16 de ce mois au Centre Bell contre les Flyers de Philadelphie. Price se voit confier pour la fin de la saison et les séries éliminatoires le poste de *gardien de but numéro un* de l'organisation et forme, avec Jaroslav Halak, le plus jeune duo de la Ligue. Essentiellement, il obtient ce poste parce qu'on disait de lui que malgré son inexpérience *il avait remporté les honneurs dans toutes les compétitions auxquelles il avait participé*. Il n'en fallait pas plus pour que Carey Price bénéficie, dans ses nouvelles fonctions, d'un préjugé largement favorable ou, autrement dit, d'une belle crédibilité. Mais, comme nous l'avons déjà vu, la crédibilité est fluctuante. En 2008-2009, le jeune gardien déçoit ; il présente une moyenne de buts alloués respectable, sans plus ; ses brillants antécédents pâlissent au point qu'en début de saison 2010, il joue le rôle de second plan.

L'excellence de l'insolite

En 1998, dans *Les voyages de Languirand ou le Journal de Prospéro*, l'auteur du livre, Jacques Languirand, rendait un hommage admiratif à un metteur en scène, également auteur dramatique, scénographe, acteur et cinéaste québécois, à quelqu'un aux *antécédents* éloquents : Robert Lepage.

Mentionnons qu'en 1994, cet homme brillant fonde Ex Machina, sa compagnie de création multidisciplinaire qui présente d'autres pièces comme *Les Sept branches de la rivière Ota* et *Elseneur*. En 1997, il emménage dans une ancienne caserne de pompiers et présente *La Géométrie des miracles*, *Zulu Time*, *La Face cachée de la lune* et *Casa Azul*. Il fait de la musique avec Peter Gabriel et aussi du cinéma, notamment dans *Jésus de Montréal, Stardom, L'Audition*. Il collabore avec le Cirque du Soleil en créant le spectacle *Kà*, présenté à Las Vegas. À l'été 2008, à l'occasion des célébrations du 400ᵉ anniversaire de la fondation de la ville de Québec, il utilise les cinq cents mètres des hideux silos à grain de la compagnie Bunge, dans le Vieux-Port, et en fait une gigantesque toile de projection sous le nom de *Moulin à images* pour raconter l'histoire de la ville de Champlain.

Robert Lepage peut maintenant choisir et négocier les offres qui lui sont faites, tant sa crédibilité est bien établie.

Du garage de campagne à la multinationale

L'histoire de *Bombardier* est une réussite typique à l'américaine. Vers 1936, dans un garage de campagne de

Valcourt, Joseph-Armand Bombardier met au point un petit véhicule à chenillettes afin de désenclaver les communautés rurales l'hiver. Trois quarts de siècle plus tard, le fabricant de ce que l'on appelait alors les « boîtes à caresses », en raison de leur inconfort et de leur aménagement sommaire, est devenu une multinationale présente dans l'aéronautique – troisième constructeur d'avions civils du monde – avec ses célèbres Canadair, Challenger, Learjet, Global, Q400. C'est aussi le premier constructeur ferroviaire mondial et leader dans les véhicules récréatifs (Ski-Doo, Sea-Doo, moteurs Johnson et Evinrude). La société compte plus de 28 000 employés, et son chiffre d'affaires annuel avoisine les 10 milliards de dollars américains.

Entrée dans le secteur ferroviaire en 1974 en remportant le contrat de fourniture de voitures de métro de Montréal, la société Bombardier s'implante en Belgique, en France, aux États-Unis, au Mexique, en Allemagne, en Chine. Plus de 100 000 véhicules Bombardier circulent à travers le monde, dont des wagons de métro dans 40 villes de la planète. Dans le secteur aéronautique, en 1986, la société rachète Canadair puis Short Brothers en Irlande du Nord et de Havilland au Canada. Malgré une administration dynamique, Bombardier n'est pas à l'abri des aléas du marché. Les retombées du 11 septembre 2001, qui touchent durement le monde de l'aviation, la forcent à vendre sa section de véhicules récréatifs. Celle-ci n'appartient plus officiellement au groupe, mais on y compte une forte participation de la famille fondatrice et celle de la Caisse de dépôt et placement du Québec. L'aviation reprend cependant ses droits puisqu'en juillet 2008, Bombardier Aéronautique annonce sa gamme d'avions CSéries dont l'assemblage final se fera à Mirabel, un investissement total de 2,6 milliards en dollars canadiens. La compagnie allemande Lufthansa a déjà signé une lettre d'intérêt pour l'achat éventuel de 60 appareils... Malgré les variations du marché et les inévitables erreurs de conception, largement commentées par les médias, les antécédents de Bombardier lui permettent de maintenir une crédibilité qui fluctue, certes, mais qui ne se dément pas.

Les recycleurs géniaux

Au début des années 50, la famille Lemaire gagne son pain en recyclant rebuts et déchets industriels; toutefois, contrairement à beaucoup de ses homologues aux activités souvent peu écologiques, Antonio, le fondateur de l'entreprise, tient à ce que celle-ci ne soit pas seulement prospère, mais «respectueuse des ressources humaines et naturelles à l'origine de son succès». Il communiquera cette philosophie à ses fils Bernard, Laurent et Alain, qui feront de la société familiale une multinationale de l'emballage et du papier sanitaire: *Cascades* voit le jour à Kingsey Falls, en 1964. En 1971, les Lemaire créent *Forma Pak*, la première usine de pâte moulée faite à cent pour cent de fibres recyclées, puis *Papiers Kingsey Falls*, des cartons multicouches, *Les Industries Cascades*, des papiers hygiéniques et mouchoirs, *Les Plastiques Cascades* et *Cascades Conversion*.

Les années 80 voient l'implantation de Cascades aux États-Unis, en France, en Belgique, mais aussi leur expansion au Québec, à East Angus et à Jonquière. En 1985, un centre de R-D s'établit à Kingsey Falls. Ce centre privé canadien de recherche et de développement dans le secteur des pâtes et papiers est le plus important du genre et suscite l'envie de nombre de concurrents. Les années 90 sont celles de *Boralex*, de *Cascades Énergie* et d'une série d'acquisitions, dont les prestigieux papiers Rolland et l'implantation de la maison en Allemagne et en Angleterre. Le nouveau millénaire est témoin d'une expansion de Cascades aux États-Unis mais aussi de la fermeture de certaines usines, car le secteur est volatil ; cependant, la recherche de l'excellence du groupe Cascades dans le domaine de l'utilisation de la fibre recyclée, des matériaux biodégradables et compostables en fait le leader incontesté de produits respectueux de l'environnement tout en lui ouvrant de nouveaux marchés. Les investisseurs et le public aiment les gens qui remplissent leurs promesses. La société demeure fidèle à l'esprit de ses fondateurs. Autre élément : sa gestion du personnel a particulièrement ravi les Européens, qui apprécient sa simplicité et son approche humaniste. La crédibilité de Cascades repose en bonne partie sur ces antécédents positifs.

Un grand artiste en son genre

Lorsque le pharmacien *Jean Coutu* ouvre sa première pharmacie minimarge en 1969, plusieurs pensent qu'un grand artiste homonyme, qui fait alors fureur, a diversifié ses placements en devenant apothicaire. Ce n'est bien sûr pas le cas. Aujourd'hui, si l'artiste, disparu, appartient à l'histoire du spectacle, Jean Coutu, le pharmacien, appartient à celui de l'entrepreneuriat. Il est toujours là après plus de quatre décennies, et son groupe, GJC, est un leader de la pharmacie et de la parapharmacie en Amérique du Nord.

Président du conseil d'administration, Jean Coutu est fier de ses 330 franchises au Québec, en Ontario et au Nouveau-Brunswick. Au fil des ans, le groupe GJC effectue plusieurs acquisitions et reventes de pharmacies minimarges aux États-Unis. En 2007, 1 854 pharmacies Brooks et Eckerd et 6 centres de distribution appartenant à Jean Coutu s'associent aux pharmacies Rite Aid en échange de 32 pour cent d'intérêt de GJC dans ce conglomérat d'outre-frontière, qui comprend maintenant près de 5 000 établissements, la troisième chaîne de ce genre en Amérique du Nord.

Trouve-t-on toujours, comme le dit la publicité, « un ami dans une pharmacie Jean Coutu »? Peut-être. Pour la septième fois dans son histoire, le Groupe est considéré comme l'entreprise la plus admirée du Québec et l'une des 150 les plus admirées dans le monde. Une société qu'on loue à sept reprises sur près de quarante ans d'exploitation démontre un capital de crédibilité vraiment considérable. Jean Coutu et son épouse Marcelle financent par le truchement de leur fondation un pavillon où l'on effectue des recherches sur le cancer et où l'on forme des pharmaciens à l'Université de Montréal. La mise de fonds représente 12,5 millions de dollars, une somme que peu de grands patrons ou groupes sont prêts à investir pour l'avenir de leur collectivité. La fondation s'occupe aussi des conjointes en difficulté et œuvre dans d'autres activités humanitaires. Jean Coutu est non seulement un grand artiste dans son domaine, mais avant tout une personne à la crédibilité bien établie.

En fonction de votre métier ou de votre profession, vous pouvez tenter de saisir les attentes ou les critères de vos interlocuteurs tant pour l'aspect *compétence* que pour le volet *relationnel*. Pour ce faire, il est possible de vous référer aux attentes déjà manifestées, aux félicitations et même aux plaintes reçues. La réflexion serait plus complète si vous déterminiez les antécédents professionnels et personnels que vous pourriez rendre ostentatoires à vos interlocuteurs pour mieux démontrer la correspondance aux critères attendus.

* * *

En résumé :

Les trois principaux facteurs de crédibilité sont :

1. La compétence professionnelle.

2. L'expertise relationnelle.

3. Les antécédents professionnels et personnels.

Chapitre VII
Les facteurs secondaires
ou la crédibilité par association

Consciemment ou pas, l'association est naturelle. Nous connaissons tous l'expression «les amis de mes amis sont mes amis» et son contraire, évidemment. De la même manière, nous accordons davantage de crédibilité à un professionnel hautement recommandé par une personne crédible à nos yeux. C'est souvent le premier critère pour choisir un nouveau fournisseur. Le choix de nos partenaires influe également sur notre crédibilité, de façon positive ou négative.

Revenons à Nicole. Sachez que sa crédibilité a été également ternie *par association*. En effet, son nouveau vice-président avait été informé qu'elle déjeunait trois fois par semaine avec son employée et amie, laquelle assumait également les fonctions de représentante syndicale de son service. Comme je le lui fis remarquer, *objectivement*, cette amitié et ces repas ne posaient aucun problème; *subjectivement*, aux yeux d'un vice-président inquiet de la trop grande proximité de ses cadres avec les instances syndicales, cela pouvait ressembler à une relation non souhaitable.

Nicole doit donc de nouveau se situer : soit qu'elle mette fin à ses rencontres avec son amie, la déléguée syndicale, soit qu'elle tente simplement de rassurer son supérieur en lui prouvant que ces rencontres ne concernent jamais le travail. Elle opte pour cette dernière solution.

Les associations de ce genre nous défavorisent parfois comme elles peuvent nous avantager. Injuste ? Absolument, mais reconnaissons qu'elles existent et employons-nous à les contrer ou, plus facilement, à en constater les bienfaits.

1. LA CRÉDIBILITÉ DE L'ORGANISATION

Pour les personnes extérieures à votre organisation, le type de société ou de services ou de divisions dans lequel vous travaillez peut nuire à votre crédibilité. « Vous travaillez dans la division Recherche et développement d'un complexe aérospatial ? Ah… », dira-t-on non sans déférence. « Vous travaillez à l'entrepôt d'une chaîne de dépanneur ? Ah bon !… », répondra l'interlocuteur sans commenter cette information.

La crédibilité d'une organisation peut varier dans le temps et en fonction d'un contexte donné. Prenons Hydro-Québec. Au cours des dernières années, la crédibilité de cette organisation a fluctué, tantôt à la hausse, tantôt à la baisse. Sur quels critères s'est-on fondé pour l'évaluer ? Les hausses de tarifs rapprochées ? L'anecdote à propos de la sécurité des barrages ? Le départ du PDG André Caillé ? La crédibilité d'Hydro-Québec a décliné à partir du moment où la société d'État a proposé un projet de centrale thermique dans la ville de Suroît – dont l'énergie était probablement nécessaire pour les Québécois; cette centrale était par ailleurs perçue, à tort ou à raison, comme étant une source d'énergie très polluante, alors que, pour la première fois depuis que l'on mesure la crédibilité des organisations, le *critère du respect de l'environnement* est devenu un critère déterminant des Canadiens… Il s'est écoulé quelque temps avant qu'Hydro-Québec ne décide d'abandonner le projet du Suroît pour se tourner vers les éoliennes; c'est à ce moment-là que le vent a tourné. Mais jusqu'à quand?

2. LA PROFESSION

Nous avons vu comment, au-delà des perceptions marginales issues d'expériences particulières, chaque profession génère des perceptions globales assez largement répandues dans la population. Chaque année, la firme Léger Marketing publie un sondage sur la crédibilité des professions.

Le plus récent, celui de février 2010, présente la perception des Québécois quant aux professions les plus admirées (voir page suivante).

On peut remarquer que les premières places reviennent aux professions directement liées à la santé et à la sécurité de la population. Les professions libérales, jadis aux premières loges, occupent maintenant le deuxième tiers. Et, sans surprise, les politiciens et les vendeurs d'autos d'occasion ne parviennent pas à améliorer leur crédibilité.

Le baromètre des professions
Faites-vous confiance ou non aux…?

PROFESSIONS	% de confiance
1. Pompiers	97
2. Infirmières	96
3. Médecins	91
4. Fermiers	90
5. Enseignants	86
6. Facteurs	85
7. Notaires	78
8. Électriciens	76
9. Artistes	73
10. Policiers	72
11. Ingénieurs	71
12. Plombiers	66
13. Juges	65
14. Chauffeurs de taxi	63
15. Sondeurs	60
16. Journalistes	44
17. Banquiers	40
18. Prêtres	40
19. Économistes	37
20. Avocats	29
21. Entrepreneurs en construction	29
22. Gens d'affaires	29
23. Agents d'immeuble	28
24. Vendeurs d'autos neuves	26
25. Conseillers financiers	26
26. Hauts fonctionnaires	22
27. Syndicalistes	22
28. Publicitaires	19
29. Politiciens	8
30. Vendeurs d'autos d'occasion	6

Sondage Léger Marketing (*Journal de Montréal*, mercredi 10 février 2010) ; 1 500 répondants, janvier 2010, ± 2,8 %

3. LE POSTE

Une certaine crédibilité est rattachée à la fonction occupée dans une organisation ; il s'agit d'une crédibilité hiérarchique provenant de la structure du poste et non des antécédents de la personne. La valeur subjective accordée au poste de directeur n'est pas la même que celle accordée au préposé à l'entretien ménager. Mais, là encore, cela dépend toujours sous quel angle cela est vu.

4. LES QUALIFICATIONS FORMELLES OU LES DIPLÔMES

La plupart du temps, les diplômes ajoutent à la crédibilité professionnelle. Ce n'est pas par hasard si de nombreux professionnels affichent, par choix (au-delà de l'obligation par certains ordres professionnels), leurs diplômes dans leur bureau ou dans leur salle d'attente. Dans certaines organisations, le diplôme est un critère incontournable pour accéder à certains postes ; il témoigne d'une formation reçue dans un établissement agréé, et parfois il atteste l'appartenance à un ordre professionnel qui constitue une certaine «garantie» contre l'amateurisme. Par contre, les diplômes sont de nature à rendre certaines catégories de personnes sceptiques. Par exemple, si vous voulez être engagé comme consultant ou formateur dans une entreprise manufacturière, le personnel des ressources humaines peut considérer le diplôme ou la formation comme des atouts nécessaires, alors qu'inversement les employés «sur le terrain» risquent de craindre que cette personne ne soit qu'un «pelleteux de nuages».

5. LE SEXE DES PERSONNES

La crédibilité axée sur le sexe constitue également une forme de subjectivité et, pourrait-on dire, de discrimination, qu'elle soit qualifiée de positive ou de négative. Cette discrimination s'applique également à l'orientation sexuelle des individus. Bien que, de nos jours, elle soit moins stigmatisée ouvertement, elle perpétue néanmoins son lot de préjugés.

6. *LA RACE*

Malheureusement, chacun sait que l'origine ethnique influe sur la crédibilité des gens. Depuis le 11 septembre 2001, les personnes d'origine arabe ou venant du Proche-Orient sont trop facilement associées au terrorisme islamiste radical. Ailleurs, les Noirs et les autochtones sont associés au laisser-aller de certains milieux délinquants ou marginaux. Au Canada, au sein des communautés francophone et anglophone, on trouve encore quelques préjugés tenaces à propos de l'un ou de l'autre peuple fondateur.

7. *L'ÂGE*

Plusieurs personnes ou groupes misent sur le facteur «jeunesse» et considèrent les individus de plus de 50 ans comme des personnes dont la date de péremption est largement dépassée. On fait alors abstraction de l'expérience des personnes plus âgées et de leur bagage de connaissances. Quant aux jeunes, un des principaux obstacles à leur crédibilité professionnelle demeure leur âge. Voici ce que Mélanie, une jeune gestionnaire de 26 ans, m'a dit lors d'une séance de formation sur la gestion de la crédibilité. «Auparavant, lorsque quelqu'un me demandait mon âge, je ne répondais pas à la question, jugeant que ce facteur ne devrait pas influer sur ma crédibilité. Aujourd'hui, après avoir pris conscience de l'aspect subjectif de la crédibilité et de l'importance de la gérer, j'ai choisi de répondre à la question de manière plus stratégique en ces termes : "J'ai 26 ans, deux diplômes universitaires, ai voyagé dans quatorze pays, occupé huit fonctions différentes depuis l'âge de 14 ans, suis trilingue et exerce mes fonctions actuelles depuis deux ans. Avez-vous d'autres questions ?"»...

8. LE SOCIOÉCONOMIQUE

Il semble aller de soi que le statut social, le rythme de vie et une richesse relative influent de façon positive sur la crédibilité. Par contre, il ne faut pas perdre de vue que pour certaines personnes l'enrichissement personnel honnête est impossible...

9. LES CARACTÉRISTIQUES PHYSIOLOGIQUES, L'APPARENCE

On se demande pourquoi, dans les grandes entreprises américaines, 70 pour cent de leurs vice-présidents sont des hommes de plus de 1,87 m... Sont-ils plus intelligents et plus efficaces que les hommes de plus petite taille ? Que ceux atteints de handicaps physiques ? On peut en douter sérieusement. De toute façon, les faits sont là, qu'on approuve ou non cette discrimination plus ou moins consciente. Dans le cas des entreprises américaines, on tiendrait en effet à présenter aux actionnaires et au public un personnage à la stature physique imposante et donc possiblement sécurisante. Une étude récente a d'ailleurs montré que les gens perçus comme beaux réussissaient mieux financièrement et vivaient plus longtemps que les autres...

10. ET AUTRES...

Évidemment, cette liste de facteurs secondaires n'est pas exhaustive. En y réfléchissant, vous pourrez en nommer d'autres à partir de votre propre expérience.

En révisant la liste des facteurs secondaires présentés, vous pouvez tenter de désigner ceux qui semblent avoir le plus joué en faveur de votre crédibilité aux yeux de vos interlocuteurs principaux.

Essayez de vous souvenir d'au moins trois situations où vous vous êtes rendu compte, avec surprise peut-être, qu'un des facteurs énumérés dans cette liste pouvait nuire à votre crédibilité, et ce, de façon positive ou négative. En guise d'illustration, je me rappelle avoir pris conscience que les facteurs suivants influaient sur ma crédibilité :

- mon intérêt pour la connaissance des vins ;

- le fait que je parle quatre langues (pour certains, il s'agit là d'un gage d'intelligence…) ;

- mon habitude de pousser à l'occasion quelques jurons très québécois (certains applaudissent, d'autres grimacent) ;

- le fait que je joue « encore » au hockey à 60 ans.

Chapitre VIII
Le choix d'attitude

Les raisons que l'on donne pour expliquer nos échecs
en sont rarement les véritables causes.

– Denis Gagné

Avant d'aborder, enfin, diront certains, comment on peut gérer sa crédibilité individuelle ou collective, il apparaît essentiel de préciser l'importance fondamentale de l'attitude préconisée. Au moins deux attitudes sont possibles à l'égard de la gestion de sa crédibilité : *la culpabilisation* et *la responsabilisation*.

La *culpabilisation* appartient aux chercheurs de victimes. Elle consiste à rechercher des COUPABLES à qui on peut reprocher notre manque de crédibilité. Cette recherche de boucs émissaires peut être dirigée vers L'EXTÉRIEUR : « C'est de sa faute », « Ils ne me comprennent pas », « Ils ne savent pas de quoi je suis capable », « Ils m'évaluent sur des critères inadéquats », etc. Elle peut être aussi dirigée vers L'INTÉRIEUR. « Je le savais », « Je n'aurais pas dû », « Si j'avais su », « Je suis trop timide », « Je ne suis pas assez bon», etc. Cette autoflagellation nous amène à nous blâmer. Contrairement aux autres types de chasses, celle aux coupables est ouverte à longueur d'année, et lorsqu'on cherche des coupables, on en trouve. Dans les deux cas, ces réactions nous condamnent à L'INACTION.

> *Quand je pleure sur mon épaule, je marche «tout croche».*
> *– Denis Gagné*

La *responsabilisation* nous conduit à rechercher non pas des coupables mais des SOLUTIONS. On ne s'attaque pas à des personnes mais à des problématiques. Cette attitude suppose que l'on accepte d'être le principal responsable – et non le coupable – de la perception que les gens ont de nous. Cette attitude conduit à : L'ACTION.

Ainsi, un gestionnaire responsable ne dira pas : « C'est de leur faute si je ne suis pas crédible. » Il dira plutôt : « Je n'ai pas encore trouvé le moyen de leur faire voir à quel point je corresponds à leurs critères. » Ou encore : « Je vais trouver une nouvelle façon de faire changer leurs critères. »

Plusieurs clients se demandent si le concept de responsabilisation ou de prise en charge de la gestion de la crédibilité implique forcément de répondre aux attaques parfois vicieuses, voire injustifiées, à l'égard de notre crédibilité. Pour moi, la réponse est OUI, OUI et encore OUI. Comment réagissez-vous quand une entreprise accusée de fraude choisit de ne pas commenter l'affaire ou que son dirigeant répète : « Je ne m'en souviens pas » ? Que concluez-vous quand un politicien accusé de conflit d'intérêts choisit de refuser toute entrevue avec les journalistes ? Je crois que le même principe s'applique lorsque des rumeurs sont colportées à l'endroit des personnes ; l'absence de réaction ou de correction de l'information est souvent perçue comme une confirmation. Bien entendu, chercher à miner ainsi la crédibilité d'un individu est injuste, mais choisir de ne pas y réagir peut être coûteux.

La médisance et la calomnie

La CULPABILISATION DES AUTRES se fait par la médisance ou la calomnie, une pratique populaire que l'on appelle couramment le *bitching* ou le *bitchage*.

Un ami m'a raconté que, dans son milieu professionnel, il avait créé avec quelques collègues un vrai «club de *bitchage*», avec cartes de membres et règles de jeu. Une fois par mois, ils se réunissent autour d'une table ronde dans un restaurant, choisissent une victime qui n'est pas présente et «bitchent» contre elle durant tout le repas. Selon lui, la différence entre ce groupe et la majorité des gens dans les organisations est que ses membres sélects sont conscients qu'ils font partie d'un club de *bitchage*...

Reconnaissant que, dans un monde idéal, le *bitchage* ne devrait jamais avoir sa place, constatons par ailleurs qu'à ce jour nous n'avons jamais eu la chance de rencontrer une personne capable de nous assurer qu'elle n'avait jamais *bitché*. Voici une proposition de quatre règles pour que le *bitchage* bien encadré soit bénéfique, toujours selon le groupe dont je viens de vous parler :

1. La personne dénigrée ne doit pas être présente, bien entendu !

2. On le fait consciemment. Cinq minutes de dénigrement par jour peuvent se révéler thérapeutiques et salutaires, pour autant qu'on l'utilise à dose homéopathique.

3. On arrête de le faire. Cinq minutes de *bitchage* conscient chaque jour peut s'avérer acceptable ; cinq années de *bitchage* consécutives, c'est inquiétant !

4. On passe ensuite à la responsabilisation, c'est-à-dire à la recherche de solutions.

Quand le «bitchage» nuit à un parti politique

On se souvient de M. Jacques Parizeau qui, au lendemain du référendum de 1995 sur la souveraineté du Québec, avait déclaré que cette consultation populaire avait été perdue de peu par les partisans de la souveraineté à cause «de l'argent et du vote ethnique». Même si cette déclaration reflétait l'avis de plusieurs souverainistes, elle fut lourde de conséquences pour la crédibilité de l'homme politique et de son parti, et ce, pendant plusieurs années. Le choix de mots de ce politicien pouvait donner à penser : «Nous n'avons pas la crédibilité nécessaire *par la faute* des immigrants et de l'argent.» Si, au lieu de cela, M. Parizeau avait choisi de dire : «En tant que membres d'un parti souverainiste, nous sommes désolés de ne pas avoir réussi à faire saisir le bien-fondé de nos options, particulièrement aux immigrants et au milieu financier», il aurait assumé la responsabilité de la non-adhésion au message et n'aurait probablement pas miné sa crédibilité ni celle de son parti.

On a toujours le choix entre se plaindre et s'organiser.
– Denis Gagné

Un bel exemple de responsabilisation dans la gestion d'une crédibilité organisationnelle

On peut comparer le cas précédent à celui d'un hôpital pour enfants, l'Hôpital Sainte-Justine de Montréal. En janvier 2004, on découvre que 2 614 patients ont, entre 1990 et 2003, été opérés par une éminente chirurgienne atteinte du VIH, et décédée depuis. Malgré les risques infinitésimaux que de jeunes patients puissent avoir été contaminés par l'infortunée chirurgienne, la direction de l'hôpital décide de prendre en charge la gestion de sa crédibilité même si elle est convaincue qu'OBJECTIVEMENT sa clientèle ne court aucun risque. Elle propose aux familles de faire examiner tous les enfants en cause. Cette exigeante opération de validation se déroule en souplesse. Aucun enfant contaminé n'est dépisté. Les alarmistes n'ont plus rien à se mettre sous la dent et l'Hôpital Sainte-Justine maintient une crédibilité qu'elle a toujours tenu à garder impeccable depuis sa fondation, en 1907.

Ajoutons ce que plusieurs considèrent déjà comme un modèle de gestion de la crédibilité individuelle. Il s'agit de Mme Véronique Cloutier, femme d'affaires et animatrice de la télévision québécoise. Après la condamnation de son père – lui-même un personnage bien connu du *show business* – pour agression sexuelle sur des mineurs, on se serait attendu à ce qu'elle s'apitoie sur son sort ou qu'elle soutienne, ou du moins défende, son père publiquement pour les actes qu'il avait commis. Elle choisit plutôt de rester attachée à la *personne* de son père, tout en condamnant ses gestes répréhensibles.

Elle précise à plusieurs reprises qu'elle souhaite que les gens fassent la part des choses et, selon l'expression bien connue, qu'ils «ne jettent pas le bébé avec l'eau du bain» en plaçant tous les membres de la famille dans la même situation. Pas de blâme, pas de coupable, pas de plaintes. Seulement de la responsabilisation, de l'authenticité, de la tristesse et des énoncés pour limiter les risques de non-crédibilité par association.

UN COROLLAIRE À NE PAS NÉGLIGER : LA CORESPONSABILISATION

Vous partagez sans doute l'opinion selon laquelle, dans une équipe, la crédibilité des uns est liée à la crédibilité des autres. Alors, que faites-vous habituellement, et honnêtement, avec un collègue qui fait partie de votre équipe et dont la crédibilité est remise en question? Quand cette question est posée lors de conférences ou d'ateliers de formation, un faible pourcentage de participants répondent qu'ils en parlent à l'individu concerné, avec plus ou moins de succès, afin de l'aider. Malheureusement, la réponse la plus fréquente ressemble à ceci : «On le cache, on l'isole, on lui retire les mandats importants»; pire : «On tente de le changer d'équipe...»

Sur le plan humain, les effets de cette approche sont catastrophiques; de plus, sur les plans professionnel et financier, les résultats qu'elle génère ne sont pas très probants. Dans l'univers de l'administration publique, on appelle cela «tabletter» un employé, c'est-à-dire le tenir à l'écart. Si vous croyez qu'interpeller quelqu'un sur son manque de crédibilité est un service à lui rendre, voici quatre suggestions précédées d'un préalable.

Préalable :

Assurez-vous d'avoir suffisamment de crédibilité auprès de cette personne pour qu'elle accueille avec ouverture votre démarche ; sinon, demandez à une personne qui est plus crédible à ses yeux d'intervenir.

Quatre suggestions :

1. Faites en sorte que la personne interpellée soit pleinement consciente que votre démarche, aussi délicate soit-elle, vise avant tout uniquement à l'aider.

2. Assurez-vous que cette personne est consciente du fait que la crédibilité est subjective. Autrement dit, faites-lui comprendre qu'un manque de crédibilité n'égale pas un manque de valeur objective.

3. Recourez au « *nous* » : « *Nous* avons un problème de crédibilité ; aujourd'hui, c'est toi qui es concerné ; demain, ça pourrait très bien être moi, un collègue, etc. » Il semble que ce « nous » collectif est plus recevable et plus responsabilisant qu'un éventuel « tu ». *Le « tu »… tue !*

4. Ne vous attendez pas à des remerciements spontanés. Ils viendront peut-être un jour, peut-être pas… Vous aurez néanmoins le sentiment d'avoir tenté de manière authentique, honnête et généreuse d'aider la personne en difficulté et ça, personne ne pourra vous l'enlever…

Une telle approche a non seulement plus de chances de succès, mais elle est tout à fait cohérente avec des notions comme la collaboration, le travail d'équipe, l'entraide, etc.

Quelques situations où la coresponsabilité est mise en évidence

D'abord, dans la vie de tous les jours. Vous avez tous déjà constaté à quel point le comportement d'un individu peut entacher positivement ou négativement la crédibilité de toute une famille. Un athlète qui gagne une médaille d'or aux Jeux olympiques ne devient pas uniquement l'orgueil et la fierté de toute sa famille ; celle-ci bénéficie de facto, à tort ou à raison, d'une haute crédibilité en termes de soutien, de mobilisation et d'encouragement à l'effort. Inversement, quand les médias publient la photo de l'auteur d'un crime odieux, c'est toute sa famille qui est déshonorée ; pendant combien d'années la mère de Marc Lépine est-elle restée dans l'ombre et dans le silence ?

Dans un contexte plus professionnel, les gestes posés par un seul gestionnaire peuvent avoir un impact direct sur la crédibilité de toute une organisation, et ce, auprès d'un grand nombre de personnes. Il y a quelques années, une employée d'un ministère est décédée d'un cancer au terme de deux ans d'absence pour maladie. Son gestionnaire convoqua rapidement une réunion de son personnel pour partager les renseignements sur les modalités funéraires, évoquer sa mémoire, encourager le personnel qui l'avait connue de plus près à assister aux funérailles, proposer un don collectif et, enfin, pour préparer un témoignage que lui, ou un autre membre de l'équipe, pourrait lire à l'enterrement. Aux yeux des employés de même qu'aux yeux de la famille éprouvée, c'est non seulement ce gestionnaire mais tout le ministère qui a vu sa crédibilité augmenter en tant qu'entreprise humaine, qui manifeste de la considération pour son personnel et qui apprécie véritablement la contribution de chacun. L'inverse aurait probablement terni tout autant, mais dans le sens contraire, la crédibilité de toute l'organisation.

Un collègue coresponsable

Un jour, un de mes collègues a dû reporter à la dernière minute une séance de formation pour des raisons de santé. Bien que les clients furent très compréhensifs et qu'ils lui aient transmis leurs chaleureux vœux de prompt rétablissement, il était conscient que cette annulation n'était pas sans conséquence pour eux : trouver une date qui convienne à tous les participants, payer les frais de déplacement, refaire des réservations, etc.

Ce n'était que sa deuxième intervention auprès de ce nouveau client ; il ne bénéficiait donc pas, auprès de la direction des ressources humaines, d'un grand capital de crédibilité en tant que consultant ; à titre de conférencier, oui ! Mais en tant que partenaire d'affaires, était-il fiable ? Faire affaire avec lui compliquerait-il trop la vie de son client ?

Un collègue lui a alors fait comprendre qu'au-delà de la sincère compassion des clients au moment de l'événement, ceux-ci seront marqués par les inconvénients causés par l'annulation de la formation. Dans quelques mois, ils ne se rappelleront plus des motifs de celle-ci, mais ils auront en mémoire les démarches entreprises pour prévenir les participants et reporter la rencontre.

« Et ce n'est pas seulement ta crédibilité, ajouta-t-il, qui est en cause, mais celle de la firme ! Une personne de cette organisation proposera un jour Réseau DOF pour un nouveau mandat et peut-être que quelqu'un d'autre dira : "Réseau DOF, ceux avec qui nous avons dû annuler une formation à la dernière minute ?"... » Il a donc suggéré d'offrir sans frais un service complémentaire aux personnes qui furent le plus touchées par ce fâcheux incident. C'est ainsi que notre collègue a offert une séance de formation gratuite d'une durée équivalente.

Ce geste n'efface évidemment pas le désagrément que les participants avaient éprouvé à ce moment-là, mais il procure un nouveau souvenir qui peut contribuer à maintenir ou à faire grandir la crédibilité de la firme auprès de ce nouveau client.

Il me vient également à l'esprit une situation où c'est une conseillère en relations de travail qui posa un geste de coresponsabilité pour protéger la crédibilité de son organisation.

Un nouveau gestionnaire des services alimentaires d'une organisation publique avait apporté une série de changements rapides et successifs qui bousculaient les habitudes de travail du personnel de la cafétéria. Ce nouveau responsable venait du secteur privé. Il n'était donc pas familier avec le type de consultation qui avait eu lieu auparavant lors de l'implantation des changements de politiques et de pratiques aux services alimentaires. Certaines de ses décisions ont également fait l'objet de griefs, et des rencontres s'ensuivirent avec ce nouveau gestionnaire ainsi qu'avec le représentant syndical et la conseillère en relations de travail citée plus haut. Or, ce gestionnaire ne

LE CHOIX D'ATTITUDE

connaissait pas non plus la conception de l'entreprise en matière de relations patronales – syndicales de cette organisation ; il manifestait de l'impatience quand le représentant syndical soulevait certaines situations, il argumentait parfois avec ironie et sarcasme, et, surtout, il s'affirmait en faisant valoir ses droits de gérance, sans faire preuve d'ouverture à la négociation ni au compromis.

Au cours de cette rencontre, la conseillère s'était efforcée de limiter les dégâts, car elle n'avait pas anticipé un tel déroulement ; après le départ du représentant syndical, elle demeura quelques minutes avec le gestionnaire. Elle lui expliqua les pratiques en matière de collaboration qui s'étaient développées, au fil des ans, entre la partie patronale et la partie syndicale ; elle lui recommanda de manifester plus d'écoute et de rechercher des solutions gagnant-gagnant lors des prochaines rencontres. Elle lui fit aussi comprendre que ses réactions pourraient entacher, de façon très importante, la crédibilité de l'organisation entière dans sa volonté de construire une relation de collaboration avec le syndicat.

Comment aborder de manière coresponsable un collègue en perte de crédibilité ?

Guillaume et Sébastien font partie d'une petite équipe de soutien-conseil à l'intérieur d'une organisation qui œuvre dans le domaine de la santé au travail ; parmi leurs tâches, ils répondent par téléphone aux demandes d'expertise des professionnels qui travaillent aux quatre coins de la province pour cette même organisation. Guillaume rend ce service le mercredi, et Sébastien, le jeudi.

Un jour, Sébastien reçoit l'appel d'une professionnelle qui, d'entrée de jeu, lui dit : « J'ai attendu jusqu'à aujourd'hui pour t'appeler ; j'aime vraiment mieux ton approche que celle de ton collègue du mercredi. » Diplomatiquement, Sébastien réitère d'abord sa pleine confiance au savoir-faire de Guillaume. Puis, après avoir répondu à la raison de son appel, il lui demande, avant de conclure : « Tu as dit tout à l'heure quelque chose qui a piqué ma curiosité, car tu sais à quel point nous nous soucions de la qualité de notre service. Pourrais-je savoir ce qu'il y a de différent entre l'approche de mon collègue et la mienne et qui semble correspondre davantage à tes besoins ? » Elle lui répondit : « Avec toi, je me sens intelligente ; tu me conseilles, mais sans jamais m'infantiliser ou me faire sentir ignorante. L'autre jour, avec Guillaume, je ne me suis pas sentie très valorisée. Il a vérifié, avec moi, l'application point par point d'un processus que je connais par cœur depuis des années… j'ai trouvé ça condescendant. »

Sébastien, qui a une excellente relation avec son collègue Guillaume, a pris son courage à deux mains et, dans une perspective de coresponsabilité, l'a abordé ainsi : « Guillaume, quand tu auras quelques minutes, j'aimerais partager avec toi un commentaire d'une de nos clientes sur nos différentes façons de répondre à leurs demandes d'expertise. » Le moment venu, il lui a d'abord rappelé toute la valeur professionnelle qu'il lui reconnaissait et que ce qu'il allait lui dire ne remettait aucunement en cause ni leur relation ni sa compétence dans la fonction qu'il exerce ; que cela avait plutôt trait à la façon dont leur intervention peut, parfois, être perçue par leurs clients internes. Il lui a aussi dit qu'étant donné que ce type de commentaires leur était rarement fait directement, il serait lui-même très intéressé à ce que Guillaume partage avec lui, le cas échéant, ce qu'il pourrait entendre à son sujet.

«Il s'agit d'une cliente (dont je tairai l'identité) qui m'a dit qu'elle préférait mon approche à la tienne. Alors, je lui ai demandé quelle était la différence et, rassure-toi, elle apprécie, selon ses dires, ton expertise. Tu aurais, semble-t-il, revu avec elle chaque point d'un processus qu'elle maîtrise depuis des années ; elle a interprété cela comme une preuve de condescendance envers elle et elle s'est sentie dévalorisée. Je suis certain que ce n'était pas ton intention, mais je t'en parle parce que j'ai constaté, à la lumière de son commentaire, que la façon de donner l'information peut avoir un impact énorme sur la manière dont certains clients peuvent percevoir notre intervention. Tu sais autant que moi que, dans la perception, il y a nécessairement des facteurs que l'on ne contrôle pas et qui appartiennent à nos clients. Cependant, sa réaction m'a éclairé sur l'état de fébrilité que peuvent ressentir certains clients lorsqu'ils font appel à nous et sur la délicatesse avec laquelle nous devons effectuer nos commentaires.

«Si je t'en parle, c'est que je crois que nous pouvons tous apprendre quelque chose de cette situation. Chaque fois que l'un d'entre nous perd un peu de crédibilité, c'est tout notre service qui en perd. Heureusement, cela fonctionne dans les deux sens ; chaque fois que quelqu'un en gagne, c'est tout notre service qui en bénéfice ! »

Guillaume et Sébastien ont alors convenu de certaines phrases à éviter et de moyens plus appropriés pour s'assurer d'une complicité professionnelle avec les clients. La rencontre s'est bien déroulée, fort probablement grâce à l'ouverture de Guillaume, tout autant qu'au désir de Sébastien d'aider véritablement son collègue et son service, en toute honnêteté et toute humilité.

Bien sûr, une telle démarche exige de la maturité, du courage et un peu de préparation, mais c'est drôlement payant et tout le monde en sort gagnant!

Chapitre IX

Le processus de gestion de sa crédibilité

Il existe deux conditions préalables à la gestion de sa crédibilité :

■ ADOPTER UNE ATTITUDE DE RESPONSABILISATION à l'égard de la gestion de sa crédibilité.

■ SE RENDRE CORESPONSABLE de la crédibilité collective du groupe auquel on appartient en se gardant, bien sûr, de discréditer sa propre organisation, ce qui reviendrait à détruire sa crédibilité et à se saborder soi-même.

Tenons pour acquis que vous en êtes maintenant au stade où vous assumez la responsabilité première de votre cote de crédibilité. Voyons maintenant les six étapes nécessaires à la gestion de cette dernière.

N. B. Soulignons d'entrée de jeu que le processus est le même pour la crédibilité d'une personne que pour celle d'une organisation.

PREMIÈRE ÉTAPE : FAIRE LE CHOIX DE GÉRER SA CRÉDIBILITÉ

Ce choix implique de reconnaître la subjectivité de celle-ci et d'être pleinement conscient de son mécanisme. Autrement dit, passer d'une gestion intuitive à une gestion plus stratégique de sa crédibilité.

Par analogie, on pourrait faire référence au golf. Si vous êtes golfeur amateur, vous vous souvenez sûrement d'avoir envoyé (au moins une fois) la balle à l'endroit visé ; la différence entre un joueur amateur et un joueur professionnel, c'est que celui-ci sait pourquoi la balle a emprunté la direction visée ; il sait surtout comment techniquement répéter le geste, particulièrement si la pression est forte. C'est ce qu'on appelle ajouter la technique à l'intuition.

DEUXIÈME ÉTAPE : DÉTERMINER LES CIBLES

Déterminer auprès de quelle personne, de quel groupe ou de quelle organisation nous avons AVANTAGE et INTÉRÊT à être crédibles. Remarquez que nous ne parlons pas d'auprès de qui nous avons le GOÛT d'être crédibles mais auprès de qui nous avons INTÉRÊT à l'être. Lorsqu'au cours d'une réunion des associés, à Réseau DOF, nous avons fait l'exercice de trouver auprès de qui nous avions le goût d'être crédibles, nous avons mentionné les vice-présidents et les directeurs des ressources humaines, les gestionnaires opérationnels, les conseillers en ressources humaines et l'Ordre professionnel des CRIA. Mais lorsque nous avons reformulé la question afin de savoir auprès de qui nous avions AVANTAGE ou intérêt à être crédibles, nous avons ajouté une catégorie à laquelle nous n'avions pas pensé spontanément, mais qui est précieuse, c'est-à-dire les adjointes et les secrétaires de toutes ces distinguées personnes. Essayez de faire passer un message à un vice-président si son adjointe ne vous accorde aucune crédibilité...

TROISIÈME ÉTAPE : ÉVALUER SON NIVEAU ACTUEL DE CRÉDIBILITÉ

Il convient de prendre les moyens nécessaires, formels ou informels, pour connaître l'état de notre crédibilité auprès des cibles déterminées. Compte tenu du fait que la crédibilité est une valeur subjective, les indices de sa mesure sont également très souvent subjectifs, bien que certaines techniques permettent néanmoins de la mesurer. On peut évaluer la crédibilité des personnes en utilisant les moyens suivants :

A. L'analyse sur l'état des gains normalement associés à la crédibilité

J'ai déjà mentionné toute une liste de gains potentiels normalement associés à la crédibilité. Or, si vous constatez que, dans un milieu donné, vous ne bénéficiez pas ou très peu desdits avantages, vous êtes déjà sur la piste d'une prise de conscience difficile, mais tout de même importante. Heureusement, le phénomène inverse vaut également.

B. L'observation des comportements des interlocuteurs

Il existe, pour peu qu'on veuille bien s'y attarder, toute une série de comportements permettant à une personne de déceler le niveau de crédibilité qu'elle suscite; par exemple, des demandes de collaboration répétées, des invitations nombreuses, des incitations au contact, des regards approbateurs, etc.

C. Le «feed-back» informel

Toute rétroaction donnée au hasard de rencontres ou de conversations représente un moyen appréciable d'évaluer sa crédibilité. Contrairement à la croyance populaire, des rumeurs à notre sujet sont des indicateurs officieux de notre cote de crédibilité.

D. Le «feed-back» formel

Direct

Le *feed-back* direct, sollicité ou non, reste le moyen le plus sûr pour connaître le niveau de crédibilité d'une personne. Rien ne nous empêche, en effet, de demander à des personnes jugées significatives pour nous si l'on est une personne crédible pour elles et pour leur entourage et sur quels critères elles se fondent pour établir cette cote de crédibilité. Bien entendu, votre interlocuteur peut être tenté, pour éviter des tensions, de masquer sa perception réelle; mais si tel était le cas, vous le sentiriez et vous auriez toujours le choix d'insister en disant, par exemple: «Je tiens vraiment à connaître votre véritable opinion.»

Indirect

Il peut également être pertinent d'utiliser des intermédiaires pour mesurer notre crédibilité: «Quelle crédibilité, à votre avis, m'accorde telle ou telle personne?»

QUATRIÈME ÉTAPE : DÉCELER LES CRITÈRES D'INTERLOCUTEURS CIBLÉS

On peut déceler leurs critères par l'écoute, l'observation, la formulation des plaintes et des félicitations ou en leur posant carrément la question : « Sur quels critères évaluez-vous la crédibilité d'un conseiller en placement ? », « Qu'est-ce qui vous fait dire qu'un consultant est crédible ? », « Comment évaluez-vous la crédibilité d'une entreprise de services ? », etc.

La sagesse permet d'être souple sans être mou et d'être rigoureux sans être rigide.

— Denis Gagné

CINQUIÈME ÉTAPE : SE POSITIONNER SUR LE CONTINUUM

Une fois que les critères des interlocuteurs ciblés sont connus, il faut déterminer, à partir de son niveau de confort psychologique et dans le respect de ses principes directeurs, les critères auxquels nous acceptons de correspondre et ceux auxquels nous ne voulons pas correspondre. Autrement dit, jusqu'où sommes-nous prêts à aller pour correspondre aux critères attendus sans perdre notre identité ?

Ce positionnement sur ce que nous appelons « le continuum d'influence » oscille entre deux extrêmes qui vont de L'INTRANSIGEANCE à une certaine forme de PROSTITUTION, que nous appelons au Québec la « tétosité », une variante de la flagornerie ou du « léchage de bottes ».

À un bout du continuum il y a donc L'INTRANSIGEANCE, c'est-à-dire le choix conscient ou non (généralement inconscient) de ne tenir compte que de ses propres critères et valeurs. Le discours habituel des gens qui se positionnent ainsi ressemble à ce monologue : « Je suis comme je suis. J'ai mes principes, mes valeurs et je n'en déroge jamais ; que ceux à qui cela ne convient pas... » *(Je vous laisse compléter la phrase !)*

À l'autre bout du continuum, il y a la « PROSTITUTION ». Consciemment ou non, des gens sont prêts à tout prix à démontrer la correspondance aux critères attendus afin d'en tirer des bénéfices. Évidemment, ces personnes s'exposent à une forte atteinte à l'estime de soi, mais, de plus, il y a fort à parier que, si leurs services ou leur soumission sont appréciés, on ne leur accordera pas vraiment de crédibilité. D'ailleurs, faites l'exercice vous-même ; demandez-vous quelle crédibilité vous accorderiez à une personne qui jouerait avec vous la carte de la « prostitution ». L'intransigeance pas plus que la « prostitution » ne sont des positionnements valables pour *gérer* sa crédibilité.

Entre ces deux pôles existe une zone d'adaptation et de confort psychologique qui consiste à se demander jusqu'où nous pouvons aller pour correspondre aux critères attendus. Il me semble qu'il s'agit là d'une question vitale. Il va sans dire que ce questionnement nécessite, au préalable, une juste connaissance de soi, de ses principes et de ses valeurs fondamentales. Évidemment, cela vaut autant pour les organisations que pour les équipes et les personnes.

Donc, à partir du moment où nous connaissons les critères de crédibilité de nos interlocuteurs, la première question que nous devons nous poser est celle-ci :

« Voulons-nous correspondre aux critères attendus ? » Si la réponse est affirmative, selon vous, en retirerons-nous pour autant une bonne crédibilité ? Non ? Alors, que manque-t-il ? Vous avez deviné. Il faut AGIR EN FONCTION DES CRITÈRES ATTENDUS. Alors, si nous avons agi en fonction de ces critères, allons-nous pour autant obtenir la crédibilité ? Non ? Alors, que manque-t-il encore ? Vous hésitez ? Nous vous rappelons que la crédibilité est une valeur PERÇUE. Ah ! Vous avez trouvé : il faut RENDRE VISIBLE LA CORRESPONDANCE AUX CRITÈRES... La crédibilité ne se gère pas dans les placards, car elle exige de la visibilité !

Un jour, j'ai tenu ces propos devant une assemblée de 600 infirmières à Montréal. Elles se sont mises à applaudir au moment où j'ai annoncé qu'elles avaient, selon le dernier sondage Léger Marketing, grandement gagné en crédibilité lors de leur grève – illégale, soit dit en passant ; au cours de ce débrayage, elles revendiquaient sur la place publique, avec fermeté et douceur, de meilleures conditions de travail. Si je me rappelle bien, leur slogan était « La colère des douces ». Naïvement, j'ai cru un instant qu'elles m'ovationnaient ; en fait, elles s'applaudissaient elles-mêmes pour avoir réussi à RENDRE VISIBLE À LA POPULATION leur correspondance aux critères attendus, à savoir la qualité des soins, leur professionnalisme et leur dévouement. Depuis peu d'ailleurs, la profession d'infirmière est passée au deuxième rang des professions les plus crédibles au Québec.

Donc, LA PREMIÈRE MANIÈRE D'OBTENIR DE LA CRÉDIBILITÉ CONSISTE À RENDRE VISIBLE, OU OSTENTATOIRE, LA CORRESPONDANCE AUX CRITÈRES ATTENDUS. Mais advenant le cas où la réponse à la question « Voulons-nous correspondre [...] ? » soit négative, mais que nous ayons besoin de crédibilité aux yeux de cet interlocuteur, que nous reste-t-il comme solution ?

Nous pouvons tenter de FAIRE CHANGER les critères attendus. «Pas facile», me direz-vous ?… Parfois même impossible, nous le concédons, mais souvent accessible pour peu qu'on s'en donne la peine. Je suis de ceux qui croient à l'intelligence des interlocuteurs ; pourquoi n'accepteraient-ils pas de faire évoluer leurs critères si vous réussissez à leur faire comprendre la logique des vôtres sans qu'ils y perdent au change ?

Par exemple, lorsqu'un client demande un produit «gratuit» pour «hier», il y a de fortes chances que vous ne vouliez pas correspondre à ces deux critères. Si, poliment, sans jugement ni reproche, vous parvenez à lui faire comprendre qu'un produit «gratuit» pour «hier» ne pourra être qu'un produit de piètre qualité, duquel il sera insatisfait, vous créerez ainsi une ouverture pour engager une discussion intelligente. Ne serait-il pas plus logique de lui demander : «Me permettez-vous de vous sensibiliser aux étapes que cela nécessite pour vous livrer un produit de qualité à un juste coût ?»

* * *

En résumé :

Je suis convaincu qu'IL N'EXISTE QUE DEUX MANIÈRES D'OBTENIR LA CRÉDIBILITÉ ET LES AVANTAGES qui en découlent : la première consiste à CORRESPONDRE AUX CRITÈRES ATTENDUS, CE QUI COMPREND RENDRE VISIBLE LA CORRESPONDANCE À CES CRITÈRES. La deuxième consiste à FAIRE CHANGER LES CRITÈRES DES INTERLOCUTEURS.

Un des défis importants et perpétuels en matière de gestion de sa crédibilité est et sera toujours de faire en sorte que nous puissions bénéficier éventuellement des gains extraordinaires de celle-ci tout en maintenant intacte sa propre dignité, et ce, dans le respect de ses valeurs ou de ses principes directeurs fondamentaux.

SIXIÈME ÉTAPE : ÉLABORER UNE STRATÉGIE

Élaborer un plan d'action visant soit à rendre visible notre corrélation actuelle avec certains critères, soit à démontrer notre engagement à développer la corrélation avec certains autres critères auxquels nous acceptons de correspondre, soit à tenter d'influencer nos interlocuteurs pour faire évoluer ou changer les critères auxquels nous ne voulons pas ou ne pouvons pas correspondre.

Si la stratégie visant à faire changer les critères de notre interlocuteur ne fonctionne pas, il nous reste alors deux possibilités pour PRÉSERVER NOTRE DIGNITÉ. La première consiste À S'ÉJECTER, c'est-à-dire à renoncer à se rendre crédible aux yeux de tel interlocuteur. Cela implique évidemment le RENONCEMENT aux avantages qui auraient découlé de cette crédibilité. Nous choisissons donc, comme disait un de mes collègues, « d'aller nous épanouir ailleurs ».

La deuxième possibilité consiste À SE FAIRE ÉJECTER soit sur-le-champ, soit à court ou à moyen terme. Nous choisissons alors consciemment de ne pas correspondre aux critères et nous sommes plutôt prêts à courir le risque qu'on puisse un jour nous éjecter !

Synthèse des notions sur la crédibilité

Crédibilité :
- Valeur subjective
- Du point de vue de personnes ayant des critères implicites et/ou explicites, en fonction de leur perception

Attitude nécessaire :
- Responsabilisation à l'égard de sa crédibilité

Quelques bénéfices de la crédibilité :
- Influence
- Employabilité
- Estime de soi
- Gains divers : argent, promotion, etc.
- Économie de temps et d'énergie
- Accès à l'information
- Alliés pour gérer sa crédibilité

Continuum d'influence :
« Intransigeance » – Zone d'adaptation – « Prostitution »
(indice : confort personnel
en conservant son intégrité)

Principaux facteurs de crédibilité :
- La compétence
- L'expertise relationnelle
- Les antécédents professionnels et personnels

Le processus de gestion de sa crédibilité :

Deux conditions :
- Adopter une attitude de responsabilisation à l'égard de la gestion de sa crédibilité
- Se rendre coresponsable de la crédibilité collective du groupe auquel on appartient

Six étapes :
- Faire le choix de la gérer
- Déterminer les cibles
- Mesurer son niveau actuel de crédibilité
- Déceler les critères d'interlocuteurs prioritaires
- Se positionner sur le continuum
- Élaborer une stratégie :
  - démontrer la correspondance aux critères
  - faire changer les critères

LE PHÉNOMÈNE DES «SPIN DOCTORS»

En matière de gestion de la crédibilité, comment ignorer le phénomène des «spin doctors»? Bien qu'ils exercent leur profession depuis les années 30 dans le monde anglo-saxon, ils sont devenus beaucoup plus visibles (tout comme les effets de leurs travaux) depuis une trentaine d'années. D'ailleurs, l'expression «spin doctors» n'est apparue qu'en 1984.

Travaillant en général pour un personnage politique ou public, leur rôle est d'amener les gens, et notamment les journalistes, à interpréter les faits de la manière la plus favorable à leur parti ou à leur client. Le terme a été créé à partir du substantif «spin» qui, quelques années plus tôt, s'employait au figuré pour signifier une interprétation partiale de l'information fournie par ces communicateurs dans le but de produire une impression positive pour leur client, voire négative pour leurs concurrents.

On voit là l'image tennistique de l'effet «spin» donné à une balle dont on modifie intentionnellement la trajectoire. En français, on pourrait désigner ces professionnels comme des conseillers en communication, des conseillers de presse, des responsables de relations publiques; bref, des communicateurs polymorphes potentiellement partiaux. On pense à Anna Wintour, la papesse du magazine de mode *Vogue*; à Alastair Campbell, conseiller de Tony Blair; à Dominique Ambiel, vieil ami et consultant de Jean-Pierre Raffarin; à David Axelrod, ami et conseiller de Barak Obama; à John Parisella, éminence grise et communicateur pour le Parti libéral du Québec; ou à Clothaire Rapaille, d'abord chargé par le maire Régis Labeaume de «vendre» la ville de Québec aux investisseurs et aux futurs visiteurs, puis tenu de se retirer du dossier.

Il est intéressant de souligner que le terme «spin doctor» comporte une dimension de durée et donc d'une construction à long terme d'une image; Axelrod, par exemple, dit rechercher pour Obama «la révélation du vrai moi» de son candidat, la façon de faire s'épanouir et rendre visibles ses qualités qui sont en accord avec les demandes de l'opinion ou, autrement dit, avec les critères des électeurs. David Axelrod se présente comme l'homme qui vend des personnalités plutôt que des idées; et cela, bien sûr, exige du temps.

Pour mieux saisir la diversité du phénomène, examinons les qualificatifs attribués aux «spin doctors»: «Il est question tout à la fois d'"experts en retournement d'opinion", de "fabricants" de consensus, de "façonneurs" d'opinion, de "manipulateurs" d'événements ou de médias, de "conseillers" personnels, d'"éminences grises" et d'"excès de pouvoir"» (*La Revue internationale et stratégique*, n° 56, hiver 2004-2005, texte de Jean-Marie Charon).

Il faut reconnaître que l'actualité des dernières années nous a livré de nombreux exemples où les «spin doctors» étaient tantôt perçus comme des contributeurs éthiques au rétablissement d'une crédibilité injustement attaquée et tantôt pris en flagrant délit de tromperie à l'égard des médias; on n'a qu'à penser aux prétendues preuves de l'existence des armes de destruction massive de Saddam Hussein. Il s'agissait alors non seulement de manipulation des faits, mais de fabrication pure et simple de «faits» inexistants.

Au Québec, l'excellente émission *Mirador* permet au grand public de mieux comprendre les enjeux, les philosophies, les pratiques et les dessous (pas toujours les plus éthiques) d'une profession jusqu'alors plutôt méconnue. Un communiqué de presse de Radio-Canada indique que le scénario se déroule dans un cabinet «où travaille un bataillon de professionnels en relations publiques qui ont tout intérêt à ce que la seule vérité connue et diffusée soit celle de leurs clients. Ils doivent s'assurer, jour après jour, de contrôler le message». D'après le journaliste Bernard Leduc, «on y bluffe, on ment, on roule les journalistes dans la farine avec un plaisir non dissimulé: la firme Mirador n'entend qu'à laver plus blanc que blanc la réputation de ses clients, malmenés sur la place publique, et la vérité en prend pour son rhume». Et forcément, qui dit réputation dit crédibilité.

Or dans cette télésérie, comme dans la vie courante, deux philosophies ou deux approches s'affrontent en permanence : choisir de dire la vérité, un mot souvent imprononçable ou tabou dans l'univers de la gestion de crise, ou présenter invariablement l'information sous un angle avantageux pour le client. Quant à nous, notre philosophie est celle de la transparence, de l'authenticité, de l'intégrité, du respect de ses principes et valeurs, au risque, il va de soi, de devoir renoncer aux bénéfices d'une crédibilité «diplomatiquement» acquise. Dire la vérité, reconnaître une faiblesse, une erreur, comme a choisi de le faire David Letterman qui a avoué son infidélité aux téléspectateurs, ou tenter de camoufler un défaut, une lacune, une caractéristique désavantageuse, une erreur de parcours ; c'est l'avenue qu'a choisi d'emprunter Tiger Woods, qui a fui les médias, qui a nié, menti pour finalement tout avouer devant l'évidence : il semble bien que la recette n'ait pas porté ses fruits.

Conscients donc des enjeux politiques, financiers, matériels ou personnels, et vu qu'il existera toujours des personnes dont l'intention inavouée sera d'adapter la vérité à leurs intérêts ou à ceux de leurs clients, nous devons par prudence garder une vigilance et un regard critique à l'égard de toute information diffusée.

Chapitre X

Tenter de regagner une crédibilité perdue ou fragilisée

Voilà bien une question cruciale au point où elle figure en tête de liste des questions posées, que ce soit en formation ou en conférence : peut-on, sinon pourquoi, et si oui, à quelles conditions, regagner une crédibilité perdue ou fragilisée ?

Il est possible, à certaines conditions, de retrouver une crédibilité perdue *sauf* dans les situations où, du point de vue de l'interlocuteur, un critère « viscéral » a été heurté ; un critère viscéral est un critère fondamental, lié à nos valeurs intrinsèques, un crime de lèse-majesté, un « péché mortel », une faute impardonnable. Bien entendu, des critères sont viscéraux pour certains et ne le sont pas pour d'autres ; mais il existe également des critères qui sont viscéraux pour une grande majorité de personnes ; par exemple, l'agression sexuelle commise sur des enfants est *généralement* un critère viscéral, alors que contrairement à ce que l'on pourrait croire, certains meurtriers réussissent à se refaire une crédibilité.

Soulignons tout d'abord que le processus visant à rétablir une crédibilité perdue ou fragilisée est identique pour une personne, une équipe ou une organisation.

Voici les étapes requises :

S'assurer d'abord que du point de vue des interlocuteurs, le ou les critères heurtés ne sont pas viscéraux. Sinon, vous devrez vous refaire une crédibilité ailleurs...

Se rendre *totalement responsable* de sa crédibilité. Ici, deux pièges doivent être évités : culpabiliser quelqu'un pour notre manque de crédibilité (c'est de sa faute, de leur faute, etc.) ou considérer que les critères des interlocuteurs sont inadéquats. Nous choisissons de prendre en charge la gestion de notre crédibilité ou, autrement dit, la gestion de leur perception, en fonction de *leurs* critères.

Reconnaître ensuite que, de façon temporaire, nous ne correspondions pas aux critères attendus ou, ce qui aurait le même impact, que cette correspondance n'était pas perçue par les interlocuteurs. Il pourrait également être approprié d'exprimer son regret pour les éventuels impacts malheureux.

Puis, annoncer clairement qu'on peut maintenant *démontrer* la correspondance aux critères attendus ou, à tout le moins, indiquer son intention de faire les efforts nécessaires pour y parvenir, et solliciter l'occasion d'en faire la preuve.

Choisir les actions susceptibles de montrer une nouvelle correspondance aux critères attendus ou celles permettant de tenter de faire changer certains critères, et mettre en œuvre les moyens de *rendre visible* cette correspondance.

Accomplir les actions, les activités ou les gestes choisis incluant les démonstrations. Enfin, demander un nouvel avis et, au besoin, faire les rectifications nécessaires.

En guise d'exemple, permettez-moi de relater une situation relativement courante où il m'a été donné d'accompagner un gestionnaire dans le rétablissement de sa crédibilité.

Un directeur de service avait sollicité mes services afin de tenter une médiation entre Roger, un de ses cadres, et une équipe de dix employés, composée exclusivement d'hommes ; ces derniers demandaient la démission de leur chef. Les entretiens individuels et de groupe que j'ai eus m'amenèrent à conclure que Roger, après une période de six mois où il avait été bien accueilli surtout pour son expérience technique, avait perdu une bonne partie de sa crédibilité, et ce, en raison de deux facteurs : il avait pris l'habitude de contourner certaines règles écrites de sécurité pour confier des tâches aux plus jeunes employés qui ne bénéficiaient pas encore d'une sécurité d'emploi garantie, et il était perçu comme un gestionnaire « sans-cœur », plusieurs employés l'ayant vu remettre, en souriant, des suspensions sans salaire à quelques employés pour divers manquements au travail.

J'ai donc choisi d'aider Roger, d'abord en le sensibilisant à la notion de la subjectivité de la crédibilité, puis en lui expliquant le processus pour tenter de la rétablir.

Mes rencontres avec les employés m'avaient permis de comprendre que Roger n'avait pas heurté de critères viscéraux, même si plusieurs étaient sceptiques quant à sa capacité à se refaire une image positive.

Après quelques discussions, Roger admit volontiers qu'il lui appartenait de gérer sa crédibilité.

Puis, non sans hésitation, il reconnut la légitimité de la réaction de ses employés ; il avoua qu'effectivement il avait outrepassé certaines règles de sécurité, les jugeant trop restrictives et estimant que les opérations confiées étaient sans danger.

Roger fit part à ses employés de son engagement à ne plus contourner les règles de sécurité. Quant à son absence de sensibilité, il réussit à expliquer, la gorge nouée, qu'il avait toujours été très malheureux et très triste à l'idée de remettre une suspension, même méritée, à un employé, mais avait cru devoir cacher cette tristesse derrière un sourire affecté par crainte de se mettre à pleurer en la remettant... Il eut le courage de leur faire savoir qu'il était très sensible, trop à son goût, et qu'il tentait de masquer cette sensibilité derrière un contrôle excessif.

Il conclut en leur annonçant son intention sincère de partager ses sentiments au travail plutôt que de les camoufler. À la suite de cet exercice, Roger obtint de son équipe une ouverture. Il demanda à chacun de ses employés de l'interpeller directement s'il lui arrivait de nouveau de contourner quelque règle de sécurité que ce soit. Il prit, par la suite, l'habitude d'exprimer ses sentiments liés au travail sans pour autant «tomber dans l'excès». À mon deuxième passage dans ce service pour prendre connaissance de l'évolution de la situation, je fus accueilli ainsi par un employé : « Tu vois le lunch et la bière sur la table, eh bien, ce sont nous, les employés, qui avons payé cela.» Il n'y eut pas d'évaluation formelle ; ce n'était plus nécessaire.

Les organisations ou les entreprises ont également la possibilité de se refaire une image ou une crédibilité. Tels une distillerie canadienne que je ne nommerai pas et l'événement médiatisé touchant la société Maple Leaf. Commençons par cette dernière et examinons les liens conformément au processus proposé pour tenter de retrouver une crédibilité perdue ou fragilisée.

«Seul Maple Leaf est Tendersweet»

Tel était le slogan que l'on pouvait lire dans les années 50 et 60 dans les lieux publics et qui provoquait des remarques justifiées chez ceux qui voulaient une publicité plus adaptée au Québec francophone, et notamment chez l'inventeur des *36 cordes sensibles des Québécois*, le légendaire publicitaire Jacques Bouchard.

Mais Maple Leaf n'était guère plus à blâmer que la plupart des grandes sociétés *canadians* d'alors, dont les réclames se limitaient trop souvent à une traduction maladroite, voire à une utilisation sans borne de termes anglais, pour «faire chic» ou par défaut de créativité.

Depuis ce débat, qui se déroula principalement dans le milieu médiatique, conflits de travail mis à part, personne ne parla plus pendant une quarantaine d'années de Maple Leaf, valeur sûre de l'industrie alimentaire canadienne, qui vendait son jambon, ses viandes froides et son bacon en toute tranquillité à des clients lui faisant entièrement confiance. Fin août 2008, catastrophe: 21 personnes se trouvent infectées et 4 autres meurent après avoir contracté la listériose, une maladie causée par la *Listeria monocytogenes*, une bactérie très répandue dans l'environnement. Ces chiffres devaient d'ailleurs augmenter, et bientôt une quinzaine de décès d'un océan à l'autre furent imputés aux produits infectés. L'Agence canadienne d'inspection des aliments émet un avis après avoir déterminé qu'un établissement torontois est à l'origine de l'éclosion de la bactérie mortelle. L'usine ferme, la panique s'installe. Le grand public se garde d'acheter des produits Maple Leaf et se demande s'il n'en a pas consommé récemment...

Nous sommes alors bien loin des infinitésimales traces de benzène (indécelables au goût) trouvées dans l'eau Perrier par des chimistes vétilleux. Dans le cas de Maple Leaf, il y a des gens hospitalisés et même des morts. La société internationale, qui compte 23 000 employés et génère un chiffre d'affaires de 5,2 milliards de dollars, ne peut se permettre de fermer toutes ses usines. Elle ne peut pas se permettre non plus de ne pas tenter de se refaire une crédibilité, compte tenu de la gravité de la situation.

Malgré l'ampleur des dégâts humains et la crainte des consommateurs, le public attendait la réaction des autorités et de l'entreprise avant de jeter définitivement l'éponge. Dès les premiers jours de la crise, le président et chef de la direction en personne, Michael McCain, se manifeste devant les médias pour prendre le taureau par les cornes, un peu comme l'avaient fait M. Lee Iacoca chez Chrysler et, près de chez nous, M. André Caillé, d'Hydro-Québec, lors de la crise du verglas. Il assume dès lors la responsabilité entière de la situation et déclare qu'il ne sert à rien de vouloir rendre coupable l'Agence canadienne d'inspection des aliments et Santé Canada. M. McCain reconnaît d'emblée qu'une société sérieuse et importante ne pouvait se permettre d'entraîner de telles répercussions sur sa clientèle, même si personne ne pouvait parler de négligence. Il exprime ses profondes condoléances aux personnes concernées. Le président annonce son intention non seulement de trouver les causes mais surtout d'apporter les correctifs nécessaires afin de garantir la sécurité des produits et de rétablir la confiance des consommateurs. Pour bien démontrer le sérieux de ses propos, sa société rappelle d'abord 23 produits, puis en retire 220 des épiceries, même si on n'y trouve aucune trace de listériose. Coût de l'opération : 20 millions de dollars.

M. McCain demande au public un court délai pour faire connaître le plan d'action sur lequel, dit-il, «les consommateurs nous jugeront». Et quelques jours plus tard, il déclare : «Nos systèmes actuels de salubrité alimentaire sont excellents, mais nous en faisons davantage. Nous avons élaboré des protocoles améliorés complets en matière de salubrité alimentaire. Nous avons créé le poste de directeur en chef, Sécurité alimentaire. Nous établissons un Conseil consultatif sur la salubrité alimentaire de Maple Leaf. Nous collaborons avec le gouvernement et les gens de l'industrie pour accroître la salubrité alimentaire dans l'industrie tout entière.»

Une fois le rappel terminé, il ajoute que les problèmes qui ont causé cette situation malheureuse ont été corrigés et que tous les produits Maple Leaf en épicerie respectent ou *dépassent* les exigences de l'Agence canadienne d'inspection des aliments et de Santé Canada. Il précise comment la société a doublé le nombre de ses contrôles de qualité dans ses usines dans le cadre d'un système de détection anticipée, comment tous ces résultats sont examinés quotidiennement et comment l'équipement est soumis à un nettoyage en profondeur plus rigoureux qu'auparavant. Il rappelle aussi que Maple Leaf a recruté un nouveau directeur de la salubrité alimentaire, un docteur en sciences qui dirige dorénavant les programmes de qualité et de salubrité des aliments dans l'ensemble de l'entreprise. Cette fonction comprend le recensement et l'évaluation des pratiques d'exploitation, des technologies, des ingrédients et des ressources à l'échelle internationale afin d'assurer à Maple Leaf une position de chef de file en matière de salubrité des aliments et d'assurance de la qualité. Cette direction soutient aussi l'établissement d'un Conseil consultatif sur la salubrité alimentaire composé de spécialistes et qui veillera à améliorer l'accès de la société aux connaissances et à l'expertise à l'échelle internationale dans les domaines de la salubrité des aliments, de la microbiologie et de la sensibilisation du public.

Le président conclut en disant que bien qu'il soit irréaliste de s'imaginer qu'on éliminera à jamais tout danger de ce type puisqu'on ne peut vivre dans un environnement entièrement aseptisé, sa société certifie à sa clientèle qu'elle fait tout ce qui est humainement possible pour réduire les risques de contamination dans ses installations, en regard des dernières avancées scientifiques et technologiques. Bref, M. McCain s'engage à ne pas baisser la garde et à «demeurer» exemplaire. Si l'on se fie aux chiffres des ventes, il semble que les consommateurs l'ont cru. D'ailleurs, les rédacteurs en chef des médias canadiens ont nommé M. McCain «personnalité économique canadienne de l'année 2008».

Prenons un deuxième exemple vécu chez un de nos clients. Dans le cadre d'une démarche pour développer une pratique en matière de collaboration, ma collègue et moi sommes intervenus dans une distillerie en offrant des activités de coaching et de formation, notamment sur la gestion de la crédibilité des cadres de l'entreprise et des représentants syndicaux auprès du personnel.

Le directeur de l'usine nous apprend qu'il est préoccupé par une plainte formelle de son client principal (80 % du chiffre d'affaires) qui menace de cesser toute relation d'affaires avec son usine. Cette société vient en effet de connaître des difficultés avec la cuvée d'un de ses alcools-vedettes, qui, tout en respectant les impératifs techniques et chimiques de fabrication, n'en a pas moins un goût légèrement différent des lots habituels. Le chef du contrôle de la qualité avait décidé que le produit était conforme, vu que cette différence de goût ne représentait aucun risque pour la clientèle. Il autorise son acheminement vers le client américain. Celui-ci reçoit plusieurs plaintes de ses clients à propos de la différence de goût. Il proteste et accuse la distillerie d'avoir sciemment tenté de lui vendre un produit inadéquat.

Que s'est-il passé sur le plan de la crédibilité ? Il semble évident qu'un des critères fondamentaux du client (jamais rendu explicite, par ailleurs) n'a été ni mentionné ni pris en compte, à savoir la CONSTANCE du produit. Le consommateur ne veut pas seulement savoir si le produit est techniquement viable, il veut que le goût de son alcool soit le même, d'une fois à l'autre.

Vous devinez sûrement la suite :

La direction de l'usine reconnut avoir sous-estimé l'importance de la constance du produit, et s'excusa sincèrement pour les désagréments et inconvénients qui s'ensuivirent. Elle rappela la totalité des bouteilles en cause. Elle offrit une compensation financière au client. Elle l'invita, à ses frais, à faire une visite de l'usine et à constater les correctifs mis en place pour éviter qu'une telle situation ne se répète. Une démarche délicate et coûteuse sans doute, mais la distillerie est toujours le fournisseur de ce précieux client et sa crédibilité est rétablie.

Chapitre XI

Les diverses applications
des notions sur la crédibilité

La compréhension du phénomène de crédibilité et le fait d'en connaître la définition, les caractéristiques et surtout les manières de la gérer peuvent permettre des applications aussi diversifiées que rentables. Parmi celles-ci, mentionnons :

1. Aider les personnes, les équipes et les organisations à développer la meilleure crédibilité possible et à profiter de ses extraordinaires avantages.

Bien que cette application concerne avant tout le milieu professionnel, soulignons que les notions de crédibilité peuvent trouver des applications heureuses également auprès de notre entourage familial et social, à savoir notre conjoint ou conjointe, nos enfants, nos amis, etc. Au chapitre XIII, je vous propose une illustration concrète qui a trait à mon fils Antoine.

2. Faciliter l'attraction des jeunes et la fidélisation du personnel de talent de tous âges.

3. Guider des entreprises pour qu'elles deviennent des employeurs de choix.

4. Améliorer le service à la clientèle.

5. Contribuer à la consolidation d'équipes de travail.

1. AIDER LES PERSONNES, LES ÉQUIPES ET LES ORGANISATIONS À DÉVELOPPER LA MEILLEURE CRÉDIBILITÉ POSSIBLE OU À RÉTABLIR UNE CRÉDIBILITÉ FRAGILISÉE

Quoi de plus gratifiant que de pouvoir aider quelqu'un soit à établir sa crédibilité, soit à l'augmenter, soit encore à la rétablir ! Or, la connaissance de la définition de la crédibilité et de son mécanisme nous donne cette occasion. Peu de professionnels, de gestionnaires et d'employés de toutes catégories peuvent se permettre de négliger leur crédibilité. Ai-je besoin de vous rappeler l'histoire de Nicole ?

Je me rappelle, entre autres, la fois où j'avais été invité à aider une coordonnatrice d'une petite équipe à retrouver la crédibilité qu'elle avait récemment perdue. Cette personne, qui était auparavant très crédible en raison de sa grande fiabilité au chapitre de l'atteinte des résultats, avait perdu beaucoup de crédibilité du fait que deux des quatre ressources de son équipe étaient devenues indisponibles, l'une pour des motifs de maladie prolongée et l'autre pour des raisons de congé de maternité. La qualité des résultats avait été ternie, et la coordonnatrice n'avait pas cru opportun d'en informer ses clients internes, présumant que ceux-ci seraient avisés de l'absence de ses ressources et, en conséquence, accepteraient la diminution de services.

Mais il n'en fut rien; les clients n'avaient constaté que l'écart et avaient commencé à se plaindre au supérieur immédiat de ma cliente. Par la suite, devenue consciente que l'absence de cette communication avait un effet sur sa crédibilité, ma cliente n'eut qu'à faire circuler aux bonnes personnes l'information pertinente requise.

Comme nous l'avons vu, les équipes crédibles bénéficient de gains extraordinaires, entre autres d'un meilleur climat de travail et d'un sentiment d'appartenance amélioré. Dans une entreprise manufacturière, j'ai eu le plaisir d'accompagner une équipe de ressources humaines nouvellement formée à la suite d'une réorganisation majeure et de la nomination d'une gestionnaire qui avait été sensibilisée au phénomène de la crédibilité. Les membres de l'équipe avaient alors rencontré leurs clients pour leur demander non seulement les habituelles attentes de résultats, mais aussi les critères à partir desquels ils évalueraient la crédibilité de l'équipe de ressources humaines. Par la suite, l'équipe s'est positionnée à l'égard de ces critères et a élaboré son plan d'action pour soit rendre visible la correspondance aux critères attendus, soit faire changer les critères incompatibles avec les prérogatives du secteur des ressources humaines.

Plusieurs types d'organisations tirent profit de la sensibilisation de l'ensemble de leur personnel au phénomène de la crédibilité. Une de mes collègues a accompagné tout le personnel d'une entreprise dans la compréhension de la notion de crédibilité, puis dans l'identification des critères du nouveau propriétaire de l'usine, surtout sur le plan de la stratégie de gestion de la crédibilité de celle-ci.

2. FACILITER L'ATTRACTION DES JEUNES ET LA FIDÉLISATION DE PERSONNEL DE TALENT DE TOUS ÂGES

Au moment où une pénurie de main-d'œuvre qualifiée se profile à l'horizon, tant dans le secteur public, parapublic que privé, l'attraction des jeunes et la rétention du personnel de talent de tous âges sont devenues des enjeux clés pour la grande majorité des organisations. Pour attirer les jeunes et pour que votre organisation soit reconnue comme étant attrayante, les notions de crédibilité sont fort utiles. Étant donné que la crédibilité se joue en fonction des critères des autres (qu'ils soient jeunes, moins jeunes ou «pré-vieux», comme les appelle ma nièce de 9 ans), il est essentiel de connaître ceux que ces derniers privilégient afin de mieux choisir les critères auxquels votre organisation consentira de correspondre pour en rendre ostentatoire la correspondance, ou encore ceux auxquels elle choisira de réagir pour tenter de les faire modifier.

J'ai eu le privilège de collaborer avec au moins deux organisations qui ont choisi d'inviter de jeunes employés et leurs représentants à une rencontre visant à leur permettre de nommer les critères qu'ils utilisent pour attribuer à une organisation les caractéristiques de «crédible et attrayante» pour eux. Il s'agit d'une société immobilière ainsi que d'un ministère.

Soucieuse d'attirer de nouveaux jeunes et de fidéliser ceux qui travaillaient déjà chez elle, la société immobilière a décidé de procéder à des *focus groups*, ou groupes de discussion, où elle a posé à ses jeunes employés les trois questions suivantes:

■ Quels sont vos critères pour évaluer la crédibilité d'une organisation que vous jugez attrayante?

■ Quels sont les facteurs que vous considérez pour décider de continuer à travailler chez nous ou choisir d'aller travailler ailleurs?

■ Comment évaluez-vous notre organisation selon ces critères?

Une fois cette information colligée, la société fut en mesure de se doter d'une approche concrète pour démontrer la correspondance aux critères ou pour tenter de les faire changer.

Quant au ministère, au cours d'une rencontre des cadres, il a invité les représentants du «Comité Jeunesse» à venir présenter à une assemblée leurs critères pour définir ce qu'était pour eux une organisation «crédible et attrayante». Déjà, par ce geste, le ministère voulait souligner l'importance qu'il accordait à ses jeunes employés et sensibiliser les gestionnaires quant aux choix de leurs critères. Pour l'une et l'autre de ces organisations, les critères des jeunes étaient identiques. Ils correspondaient d'ailleurs d'assez près à ce que propose la documentation spécialisée à ce sujet. Voici une synthèse de ces discussions.

PREMIER CRITÈRE : *La qualité du climat de travail, et donc des relations entre employés et entre employés et supérieurs immédiats.*

Finie l'époque où le rire était suspect en milieu de travail. Fini le temps où le personnel se satisfaisait d'une sécurité d'emploi. Les jeunes accordent beaucoup d'importance à la qualité des relations au travail et se disent prêts à quitter leur employeur si celles-ci sont désagréables. Dans ce contexte, bon nombre d'organisations choisissent de tenter de correspondre à ce critère, en investissant dans la formation de leurs dirigeants et de leurs employés pour qu'ils puissent contribuer de façon positive au climat de travail. Elles se positionnent clairement en optant pour des valeurs comme la collaboration, le respect, le courage et la considération. Toutes développent et favorisent l'habileté à exprimer de manière adéquate les sentiments liés au travail, à donner de façon recevable de la rétro-information et à adresser correctement des demandes de changement de comportement. Elles investissent donc dans la qualité du climat de travail. Ainsi, elles correspondent à ce critère prisé des jeunes et, dans la même foulée, aux critères de personnes plus âgées qui ne dédaignent pas non plus un bon climat de travail.

DEUXIÈME CRITÈRE : *Le potentiel d'augmentation de leur valeur marchande.*

En général, les jeunes aiment l'argent pour tout ce qu'il peut leur permettre, et se soucient de développer une valeur marchande plus grande, dans la même organisation ou ailleurs. Les entreprises qui font le choix de correspondre à ce critère et de le rendre manifeste procèdent régulièrement à l'évaluation du développement de leurs jeunes employés, non seulement pour les aider à accroître leur performance, mais, surtout, pour leur permettre de constater que leur profil s'est amélioré, que leur valeur sur le marché du travail tend à augmenter et qu'ils peuvent éventuellement en tirer des bénéfices, de préférence au sein de cette même organisation.

TROISIÈME CRITÈRE : *L'équilibre entre vie privée et vie professionnelle.*

Remarquez qu'il ne s'agit pas ici d'équilibre travail-famille. Un jeune employé prendra sans remords le congé familial habituel accordé par la convention collective, même s'il est célibataire et qu'il n'a pas d'enfant... On parle donc ici d'équilibre entre la vie privée et la vie professionnelle. Dans cette perspective, les entreprises soucieuses de démontrer leur correspondance à ce critère choisissent, entre autres, de garantir à leurs jeunes employés la semaine de travail sans dépassement du temps hebdomadaire prévu au contrat et d'inclure un certain nombre de congés personnels à prendre au moment de leur choix.

QUATRIÈME CRITÈRE : *Des défis stimulants et réalistes.*

Comme les jeunes employés recherchent les défis stimulants qui correspondent à leur capacité à les relever, les fonctions sans challenge les démotivent, et les tâches trop complexes pour leurs capacités les rendent anxiogènes. C'est ici qu'intervient l'importance pour les organisations d'aider leurs employés à se fixer des objectifs professionnels réalistes et réalisables qui stimulent leur estime d'eux-mêmes et qui leur font vivre un juste degré de stress.

AUTRES CRITÈRES : Bien entendu, le salaire, les avantages sociaux, les opportunités de voyage ainsi que la mise à leur disposition d'outils à la fine pointe de la technologie demeurent des facteurs d'attraction non négligeables, de même que l'accès à des programmes de développement et de formation. Ils veulent également pouvoir bénéficier des conseils de personnes-ressources d'expérience.

Parfois, ça se complique !

La situation peut se compliquer si, pour toutes sortes de raisons, l'organisation ne veut ou ne peut pas correspondre aux critères des jeunes. Nous l'avons constaté en particulier lors d'une rencontre portant sur l'intergénération dans une organisation syndicale. Des questionnements avaient eu lieu au moment où les plus expérimentés ont informé les plus jeunes que la valeur « ancienneté » ne devait pas être remise en question puisqu'elle était, depuis fort longtemps, intégrée à la culture syndicale. Pour les jeunes, aussi militants soient-ils, l'ancienneté est un non-sens surtout quand on la juxtapose à des critères de récompense selon la performance.

Le débat n'est toujours pas terminé à l'heure actuelle. Qui réussira à faire changer le critère de l'autre ? Vu l'arrivée marquée des jeunes et leur degré de détermination, on peut parier qu'ils finiront par persuader l'autre partie. Car l'ouverture à la discussion permettra probablement à certaines personnes plus âgées, pour qui la prédominance de l'ancienneté n'était pas une fin en soi, d'appuyer les plus jeunes. À suivre…

3. GUIDER LES ENTREPRISES POUR QU'ELLES DEVIENNENT DES EMPLOYEURS DE CHOIX

La rétention ou la fidélisation du personnel de tous âges constitue un enjeu de taille. Heureusement, certains critères sont pertinents pour l'ensemble du personnel, tous âges confondus. Plusieurs entreprises devenues employeurs de choix l'ont compris et choisissent de démontrer leur correspondance, entre autres, aux critères suivants :

■ La possibilité de voyager à l'étranger pour le travail.

■ L'adaptation des horaires de travail aux intérêts et aux besoins mutuels des entreprises et des employés.

■ La diminution des temps de transport.

■ Le développement d'un profil international.

■ L'accès à des activités physiques et à la détente.

■ Etc.

Ces employeurs de choix consentent, par exemple, à assurer à une partie de leurs employés – et pas seulement aux plus anciens – des stages dans le secteur international, à offrir des horaires de travail variables, à établir leur siège social en région ou en banlieue où le transport est plus facile, à offrir des cours de langues étrangères. Certains ont même annoncé à leurs employés qu'ils limiteraient consciemment la croissance de leur entreprise pour maintenir une ambiance plus conviviale. D'autres construisent des gymnases et des garderies sur les lieux de travail. Une entreprise a garanti à ses employés qu'elle ne signerait jamais un contrat de travail qui obligerait le personnel à faire des heures supplémentaires de façon régulière ou même ponctuelle. Afin de favoriser la rétention de leur personnel à haut potentiel, certaines entreprises décident de pourvoir les postes de direction à l'interne plutôt que d'aller recruter à l'extérieur.

Pour attirer et fidéliser son personnel, une organisation peut faire des choix qui correspondent aux principaux critères de ses employés sans pour autant mettre en péril sa viabilité. Ensuite, il s'agit de mettre en place les moyens permettant de rendre visible cette correspondance aux critères.

4. L'AMÉLIORATION DU SERVICE À LA CLIENTÈLE

Des organisations adaptent les concepts de crédibilité au service à la clientèle de manière fort heureuse. Il va de soi que les attentes des clients sont intimement liées à leurs critères pour évaluer la crédibilité d'un fournisseur. Après avoir établi ces critères, l'organisation est alors en mesure de retenir ceux auxquels elle souhaite correspondre et d'en montrer ostensiblement la correspondance. Elle peut aussi tenter d'en faire changer certains si elle estime que ces derniers sont irréalistes ou incompatibles avec sa mission, ses valeurs ou ses principes.

Voici une anecdote relatant une expérience vécue dans le service de restauration d'un centre d'accueil pour personnes âgées. La direction de l'établissement nous avait mandatés pour aider ce service afin d'améliorer sa réputation ou sa crédibilité auprès de sa clientèle. Au moment d'un échange avec le personnel de gestion, on nous présenta le dernier sondage sur la satisfaction de la clientèle en soulignant que les cotes étaient assez élevées pour conclure à la satisfaction générale de celle-ci. Après avoir examiné les questions et les résultats, nous avons demandé aux responsables s'ils étaient certains que tous les critères de la clientèle avaient été pris en compte et évalués. On nous répondit qu'étant donné l'expertise qu'ils possédaient en restauration, le portrait de la situation était complet.

Avec diplomatie, nous avons proposé de faire une tournée pour vérifier si les personnes âgées avaient d'autres critères qui ne figuraient pas sur le sondage. Après hésitation, nous sommes allés interroger quelques clients. Cette consultation nous a permis de constater que deux critères n'apparaissaient pas sur le questionnaire de satisfaction alors que ceux-ci étaient importants à leurs yeux. Le premier concernait l'horaire des repas. Oui, les aliments étaient chauds et de qualité, mais l'horaire avait été choisi en fonction des heures de présence du personnel. Ainsi, alors que la très grande majorité des clients se levaient bien avant 6 h du matin, le petit-déjeuner n'était pas servi avant 8 h. Accommodants, les bénéficiaires n'exigeaient pas qu'on les serve à 6 h, mais qu'on mette au moins à leur disposition quelques fruits et quelques yoghourts avant l'arrivée du personnel. Le deuxième critère avait trait à la *texture* des aliments!

5. LA CONSOLIDATION DES ÉQUIPES

On présume que, dans une équipe de travail, les membres ont intérêt à être crédibles les uns par rapport aux autres, que ce soit entre employés ou entre employés et gestionnaires. Or, l'échange des critères respectifs des uns et des autres permet à tout le moins de les connaître et d'en reconnaître l'aspect subjectif.

Pour illustrer cette application, partageons une expérience d'intervention dans une équipe de travailleurs sociaux où les relations étaient pour le moins tendues.

En cours d'exercice, nous avons demandé aux employés et au gestionnaire de déterminer et de partager les critères qu'ils considéraient comme importants et pour lesquels ils ne voyaient pas la correspondance chez «l'autre partie».

Ainsi, les employés ont pu signifier au gestionnaire que bien que reconnaissant sa compétence en matière de gestion des dossiers, ils regrettaient son manque de simplicité, de chaleur humaine et de considération pour les autres.

De son côté, le gestionnaire a pu mentionner qu'il évaluait la crédibilité des employés d'après leur volonté et leur capacité de prendre en charge l'ensemble de la clientèle en attente plutôt qu'exclusivement les clients déjà inscrits sur leur feuille de route. Bien au fait des critères respectifs, les deux parties ont ainsi pu adapter leurs comportements et améliorer leurs relations.

Chapitre XII
Des moyens de démontrer
la correspondance aux critères attendus

Si vous souhaitez rendre visible votre correspondance aux critères attendus de la part d'une personne en particulier, les moyens pour y arriver sont variés et relativement simples; cela peut se faire verbalement à l'occasion d'une rencontre d'appréciation du rendement; par exemple, de superviseur à supervisé : «Je suis content de te dire qu'il m'a été donné de voir à quel point tu as réussi cette année à démontrer deux critères importants pour moi, à savoir la discrétion et la rigueur»; du supervisé à son superviseur : «J'aimerais attirer votre attention sur les commentaires de deux de nos clients qui m'ont fait parvenir les courriels que voici, manifestant ainsi leur appréciation quant à ma discrétion et à ma rigueur.» À la faveur d'un bilan de fin de projet : «Je pense avoir bien réussi à faire preuve d'un bel esprit de collaboration avec toute l'équipe pendant ce projet; partagez-vous cette opinion?»

Toutes les occasions sont bonnes à condition d'en faire ni trop ni trop peu : «Sachant l'importance que vous accordez à l'analyse et à l'esprit de synthèse, j'ai choisi de vous présenter, sur une seule page, uniquement les données essentielles au dossier.» Ou encore : «Je sais qu'en votre qualité d'organisateur d'événements, vous risquez votre propre crédibilité chaque fois que vous engagez un conférencier ; puisque vous me dites que vos clients recherchent avant tout un conférencier dynamique, ayant du contenu, de l'assurance et un bon sens de l'humour, je vous offre pour vous en assurer la possibilité de venir assister sans frais à une conférence du même type que je diffuserai au cours du prochain mois… », etc.

On peut affirmer que les mêmes méthodes peuvent s'appliquer aux équipes qui choisissent de rendre visible la correspondance aux critères attendus.

Quant aux organisations, elles disposent aussi d'une belle variété de moyens.

1. LES SITES WEB

Ces sites sont certainement devenus une vitrine par excellence pour démontrer la correspondance aux critères attendus. De fait, les internautes utilisateurs de médias sociaux sont de plus en plus nombreux, et cette visibilité est disponible 24 heures sur 24, presque partout dans le monde. Sachant maintenant que la plupart de nos clients recherchent des consultants seniors possédant une facilité d'élocution, un bon sens de l'humour et des contenus pertinents, nous avons choisi d'intégrer dans notre site Web des photos de l'équipe de consultants de notre firme ainsi que des extraits vidéo pour bien montrer la correspondance à ces critères.

2. *LES AFFICHES, LES POSTERS, LES SLOGANS ET AUTRES*

Les affiches, les posters et autres images grand format permettent également de rendre visible la correspondance à certains critères. À titre d'exemple, on peut voir dans les établissements de la chaîne de cafetiers Tim Hortons des affiches vantant la promotion du travail parcellarisé – c'est-à-dire les heures de travail « coupées » – en lien direct avec le mode de vie des éventuels employés de plus en plus désireux de disposer d'un plus grand nombre d'heures de loisir. Alors que le travail intermittent était auparavant considéré comme une occupation de second ordre, Tim Hortons le présente maintenant comme la réponse attendue à l'harmonisation entre le travail et la vie privée.

3. *DES TEXTES PROMOTIONNELS*

Des articles dans les journaux et dans les revues spécialisées constituent également de précieux moyens de mettre en évidence notre correspondance aux critères attendus. Qu'ils soient rédigés par des journalistes ou par les professionnels eux-mêmes, ils peuvent faire ressortir la correspondance à certains critères, surtout lorsque les auteurs de ces textes jouissent eux-mêmes d'une bonne crédibilité. Il en va de même pour les rapports annuels d'entreprises, ainsi que pour les dépliants et les prospectus promotionnels. Il suffit de penser à l'Université de Sherbrooke qui, dans ses dépliants, fait la promotion d'une formule de stages rémunérés en entreprise, une méthode inspirée de la technique *dual*, populaire en Allemagne. Ce genre de communication permet de

153

rendre visible la correspondance à des critères de plus en plus recherchés par les étudiants, soit :

a) le développement de l'expérience attendue pendant les études ;

b) l'accès à un salaire en cours de développement.

L'Université McGill de Montréal propose aux étudiants la possibilité d'étudier en anglais tout en rédigeant l'essentiel des travaux et des examens en français pour accueillir une clientèle qui s'intéresse à l'international et aux effets de la mondialisation.

La publicité diffusée dans les journaux, à la radio et à la télévision est également un excellent moyen de rejoindre une grande quantité d'interlocuteurs ciblés. Je pense par exemple à la publicité de certaines banques, qui montre des gens tout fiers d'acquitter leurs factures ou de transférer des fonds tard en soirée, en pyjama dans leur salon, loin des foules, et ce, pour mettre en lumière la correspondance aux critères de facilité, d'accessibilité et même de sécurité.

4. LES ÉVÉNEMENTS DE MASSE

Nous pensons particulièrement aux activités comme les congrès, les colloques, les galas. Nombre d'organisations choisissent en effet de participer activement à des galas « employeurs de choix » où ils seront en mesure d'être cités comme étant des modèles. Ayant participé récemment à un tel événement, nous avons observé un employeur primé qui a profité de cette tribune pour indiquer quels choix organisationnels lui permettaient de faire connaître à ses employés la correspondance à leurs critères. Il avait aussi indiqué avoir construit un gymnase et une garderie sur les lieux de travail après que sa société eut établi son siège social en banlieue, où le transport en commun et le stationnement étaient accessibles.

Chapitre XIII
Une illustration personnelle

À ce stade-ci, vous disposez de l'essentiel de l'information sur la gestion de la crédibilité. En guise de récapitulation, je vous invite à prendre connaissance d'une anecdote au sujet de mon fils Antoine et qui remonte à il y a quelques années. Sachez, tout d'abord, qu'à titre de père, mais aussi d'éducateur, je partage avec mon fils les notions et les outils qui me semblent universels et intemporels. Antoine a donc été « tenu » de m'entendre parler de crédibilité à maintes reprises.

L'histoire se déroule en 2000 au moment où il a 12 ans ; Antoine participait à un camp d'entraînement pour faire partie d'une équipe régionale de hockey sur glace de classe atome AA. Pour les gens peu familiers avec le hockey, disons qu'il s'agit d'un niveau d'élite. Cinquante jeunes s'entraînent pendant cinq jours en compagnie d'une équipe de six instructeurs pour l'obtention de quinze postes. Il faut savoir que c'est en retournant au vestiaire, à la fin de chaque journée, que les jeunes apprennent s'ils reviennent ou non sur la glace le lendemain. Si leur nom est biffé au tableau, ils doivent en conclure qu'ils n'ont pas été choisis. On ne peut pas dire que cette approche soit très relationnelle, mais c'est ainsi…

Après la première journée, je vois Antoine sortir du vestiaire avec son équipement et un beau sourire.

«Tu reviens demain?

– Oui, mais tu sais, ils ont déjà éliminé plus du tiers des gars.

– Donc tu es inquiet?

– Un peu, oui.

– Te rappelles-tu comment se gère la crédibilité?

– Bon, voilà que tu recommences avec tes histoires de formation.

– Écoute, Antoine, nous avons au moins vingt minutes de transport à faire, alors aussi bien en consacrer une partie à quelque chose d'utile, non?

– D'accord.»

J'ai eu ma première surprise lorsqu'il m'a répondu que la crédibilité était comme la beauté, c'est-à-dire subjective, qu'elle était «dans l'œil de la personne qui la contemple»… Je l'ai félicité de se rappeler de l'essentiel de cette définition.

«Et qui va décider si tu feras partie de l'équipe des atomes AA?

– Les instructeurs.

– Tous les instructeurs?

– Non, celui qui a un C sur sa casquette. On voit que c'est lui qui décide de tout et qui choisit les joueurs qui feront partie de l'équipe.

– Donc, tu peux te montrer optimiste étant donné que si la crédibilité se trouve dans l'œil de l'autre, cet autre, tu le connais.

– Oui, mais ça ne suffit pas.

– Alors, quels sont les critères qui vont permettre à cet instructeur de choisir ceux qui feront partie de l'équipe?

– Bien, je pense qu'il devrait nous évaluer sur un excellent coup de patin, un bon lancer, le sens de l'anticipation, un bel esprit d'équipe; toi qui joues au hockey depuis longtemps, ce sont de bons critères, non?»

Je me rappelle m'être alors dit qu'Antoine, inconsciemment, faisait fausse route parce que lorsqu'on dit «les critères *devraient* être», nous nous plaçons au conditionnel. On présume desdits critères plutôt que de s'assurer de les avoir déterminés.

«Mon cher Antoine, pour moi, oui, ce sont de bons critères, mais ce n'est pas moi qui décide, c'est lui; pourquoi ne vas-tu pas lui demander ses critères?»

À ce moment-là, j'ai eu ma deuxième surprise:

«Si je vais questionner l'instructeur et que je connais ses critères, j'aurai un avantage sur les autres...

– Antoine, je te rappelle qu'actuellement, tu es en compétition et que, dans un tel contexte, avoir un avantage sur les autres n'est pas une mauvaise affaire.»

Après lui avoir donné une version courte du sens positif de la compétition, nous sommes revenus sur la crédibilité. Le lendemain, avant la deuxième journée d'entraînement, Antoine est allé trouver son instructeur et est revenu quelque peu déboussolé, à tout le moins inquiet.

«Mon instructeur m'a répondu ceci: *"I have only ONE criteria: IN-TEN-SI-TY!"* («Un seul critère compte pour moi: l'intensité.»)

– Que veut-il dire par *INTENSITY*?»

Il est toujours important de connaître la signification des mots du point de vue de l'interlocuteur. Dans le même esprit, on pourrait demander ce qu'on entend par professionnalisme, rigueur, personne responsable. Dans la langue de Shakespeare, *intensity* veut également dire force, puissance, sérieux, le tout avec une certaine touche d'agressivité.

«Je sais très bien ce qu'il veut dire, et je comprends sa définition qu'il ponctue de coups de poing dans sa main ouverte par des phrases du genre «*Go and get the puck!*», «*Put your nose where it smells!*», «*If you can't stand the heat, get out of the kitchen!*»[1], etc.

– Tu connais donc *son* critère et la définition que cet homme lui accorde. Il me semble donc que tout se déroule bien.»

---

[1] «Va donc chercher la rondelle!», «Fourre ton nez là où ça sent!», «Si tu trouves qu'il fait trop chaud, dégage de la cuisine!».

Antoine ne semblait toutefois pas de cet avis. Je lui ai demandé s'il voulait correspondre au critère d'*INTENSITY* tel que défini par cet instructeur, et sa réponse a été la suivante :

« Non, je pense que sa conception de l'*intensity* représente pour moi le côté violent et agressif du hockey, et cet aspect ne me convient pas.

– Peux-tu lui faire changer son critère ? »

Sa réponse m'est restée gravée en mémoire :

« Lui as-tu vu la face ? ! ! ! »

Nous avons conclu qu'il était impossible de faire changer de critère à cet instructeur.

« Si tu ne veux pas correspondre à ce critère ou que tu penses qu'il est impossible de le faire changer, existe-t-il un sport plus conforme à tes valeurs, à tes principes et dans lequel tu te sentirais plus à l'aise ? »

J'ai alors eu ma troisième surprise.

« Oui, le golf. Le golf, c'est "class". Ça se joue sur de beaux terrains, sur un gazon bien entretenu, avec des vêtements propres et des gens généralement sympathiques. »

C'est ainsi qu'il a renoncé à faire partie de l'équipe des atomes AA avant d'être « congédié ». Il a ensuite fait trois années de sport-études, option golf, passant une heure et demie le matin et le soir dans les transports, mais revenant chaque jour à la maison heureux.

Vous comprenez que je vous raconte cette anecdote pour illustrer que nul n'est obligé de correspondre aux critères que l'on attend de vous si le prix est de perdre son identité. Il me semble que l'*estime de soi et la dignité personnelle* valent beaucoup mieux que la plupart des avantages que l'on pourrait tirer de la crédibilité, mais qui iraient à l'encontre de nos principes et de nos valeurs, donc de notre intégrité.

Plus tard, Antoine a dû se poser les mêmes questions à l'égard des critères de crédibilité de ses instructeurs de golf, de ses professeurs à l'école et, tout récemment, des employeurs pour lesquels il a travaillé comme étudiant durant l'été. La dynamique reste la même et, une fois comprise, on peut l'appliquer dans tous les secteurs de la vie.

Chapitre XIV
Les différents moyens de faire changer les critères de crédibilité

*Une opinion est le résultat d'une expérience
et de l'analyse que l'on en fait.
Il n'y a pas de mauvaises opinions ou de mauvais critères. Au
départ, reconnaissons que tous n'ont pas été exposés aux mêmes
faits et aux mêmes situations. Ensuite, les grilles d'analyse
varient selon l'expérience et selon les besoins individuels. C'est
en ajoutant des données que l'on parvient à faire évoluer l'idée
de quelqu'un, ou encore en lui permettant de faire une nouvelle
lecture des données qu'il a en main.*

– Denis Gagné

Admettons d'emblée qu'il existe et existera toujours des situations où il ne sera pas possible de faire changer les critères de quelqu'un pour toutes sortes de raisons. Par contre, il est toujours préférable d'avoir eu la satisfaction d'avoir essayé. Voici donc, à l'aide d'un exemple concret, un guide qui devrait vous permettre d'essayer de faire changer certains critères de crédibilité; ce propos sera illustré à partir d'un critère que pourrait fort bien priser un patron ou un gestionnaire et qui consisterait à exiger de ses employés *cinquante heures de travail par semaine.*

Les différentes étapes proposées devraient se dérouler dans l'ordre indiqué, mais libre à vous de les expérimenter dans l'ordre qui vous semblera le plus approprié.

1. La première étape s'appelle **créer un climat propice à la discussion.** Pour tenter d'influencer une personne quant à ses critères, il semble qu'il faille créer un climat propice, un climat où cette personne sentira qu'il n'existe aucune situation conflictuelle, que nul inquisiteur ne cherchera à savoir qui a raison ou qui a tort, et qu'une discussion saine et franche entre les deux parties se déroulera où chacune devrait y trouver son compte. À vous de choisir comment vous pouvez créer ce climat propice.

2. La deuxième étape consiste à **vérifier si l'interlocuteur possède le critère.** Bien entendu, toutes les étapes subséquentes n'auraient aucune valeur si vous ne vous assurez pas que votre interlocuteur possède véritablement le critère que vous avez déterminé. Dans le cas qui nous concerne : travailler cinquante heures par semaine pour prouver que l'on est un employé crédible. Cette vérification pourrait être faite simplement en demandant à votre interlocuteur : « J'ai cru comprendre par vos propos, vos remarques et vos observations que, pour vous, un employé ne peut avoir de crédibilité s'il ne travaille pas au moins cinquante heures par semaine. Ai-je bien compris ? » Dans le cas d'une réponse négative, le processus se termine sur-le-champ, mais au cas où votre interlocuteur vous

confirme qu'il a précisément ce critère, on passera alors à la troisième étape.

3. «**Proposer d'en discuter**». Vous pourrez intervenir en disant, par exemple, simplement à la personne : «Pour notre bénéfice mutuel, puis-je me permettre de tenter de vous influencer sur ce critère ?»

4. La quatrième étape est **la signification des mots ou la précision du ou des critères**. On peut, par exemple, demander à l'interlocuteur : «Que signifie pour vous travailler cinquante heures par semaine ? Est-ce un minimum, une moyenne ? Qu'est-ce que cela veut vraiment dire ? Qu'est-ce que vous incluez dans ce nombre d'heures : est-ce cinquante heures de présence au bureau ?»

5. La cinquième étape pourrait s'appeler «**Vérifier d'où vient le critère**». Il me semble que cette étape-ci est *la plus relationnelle* de tout le processus. Il est évident que les gens ont des raisons, conscientes ou non, d'avoir fixé certains critères. Aussi, je peux demander à mon interlocuteur ce qui l'a amené à penser que travailler cinquante heures par semaine est fondamental.

6. La sixième étape consiste à **demander à la personne si elle est consciente des impacts négatifs potentiels si elle choisit de conserver son critère**. La plupart du temps, les interlocuteurs ne se sont jamais attardés à se demander si leurs critères de crédibilité comportaient un impact négatif. Si votre interlocuteur vous mentionne qu'après mûre

réflexion, il constate qu'il existe des impacts négatifs à conserver son critère, tant mieux pour vous !

7. Sinon, nous passons à la septième étape, qui consiste à *faire prendre conscience à votre interlocuteur des impacts négatifs s'il choisit de garder son critère.* Dans le cas qui nous concerne, par exemple, vous pourriez évoquer auprès de votre interlocuteur la possibilité qu'il perde de bons employés pour qui l'équilibre vie professionnelle-vie privée est incompatible avec un horaire de cinquante heures par semaine.

8. Pour la huitième étape, on peut, lorsque la situation le permet, *se référer à des statistiques, à des exemples, à des modèles théoriques pour renforcer notre point de vue.* Vous pourriez faire valoir, entre autres, que des études ont montré que la productivité de la plupart des employés diminue substantiellement après un horaire classique de quarante heures par semaine ou de huit heures par jour.

9. Finalement, la neuvième étape s'appelle *rendre ostensible la correspondance aux besoins réels plutôt qu'au critère choisi.* On peut facilement imaginer que, dans l'exemple cité plus haut, le véritable besoin pourrait être L'EFFICIENCE, c'est-à-dire la capacité de rendement plutôt que le nombre d'heures pendant lesquelles on travaille ou, du moins, on fait acte de présence. Il apparaît tout à fait souhaitable ou possible de dire à l'interlocuteur : « Si ce que vous souhaitez c'est l'efficience, qui se mesure, par exemple, par des résultats concrets, je veux bien correspondre à ce critère et vous le démontrer. Si votre critère est

plutôt le nombre d'heures et non pas la productivité ni la rentabilité, je pense que nous faisons fausse route et que vous risquez de perdre des employés qui sont productifs mais qui ne veulent pas correspondre au critère des cinquante heures hebdomadaires.»

Je ne prétends pas qu'il soit facile de faire changer les critères, mais je suis convaincu que le jeu en vaut la chandelle et qu'une fois que l'on aura pratiqué cette technique pour la énième fois, on aura développé suffisamment d'habileté pour au moins tenter d'ébranler les critères de l'autre et avoir la satisfaction d'être allé au bout de l'exercice. Essayez pour voir. Cela en vaut vraiment la peine.

Chapitre XV
La foire aux questions

1. Quelle est la définition de la crédibilité ?

Il s'agit d'une valeur subjective que l'on accorde à une personne, à un groupe ou à une organisation, selon un certain nombre de critères explicites ou implicites, et ce, en fonction de notre perception de leur correspondance à ces critères.

2. La crédibilité est-elle innée ?

Lorsqu'au cours de formation ou de conférences les gens me posent cette question, je leur demande souvent : « Vous aimeriez cela, n'est-ce pas ? » En effet, si la crédibilité était innée, certaines personnes seraient favorisées et d'autres seraient perdantes. Heureusement, la *crédibilité se gère et peut se développer*. Cela dit, je reconnais que certaines personnes sont avantagées du fait de leur talent ou des attributs qui facilitent la gestion de leur crédibilité. Mais cela ne veut pas dire qu'elle soit innée pour autant.

3. Peut-on se passer de crédibilité?

J'ai déjà parlé de quelques catégories de personnes qui peuvent se passer de crédibilité ou, à tout le moins, estiment qu'elles peuvent s'en passer. Je pense ici aux NARCISSIQUES, qui sont convaincus qu'étant donné qu'ils s'apprécient au-delà de toute considération, ils possèdent une crédibilité sans égale. Je pense aussi aux AUTORITAIRES, qui ont de l'impact et de l'influence en donnant des ordres péremptoires ou en faisant des menaces; je pense enfin à CEUX QUI SE CONTENTENT DES AVANTAGES ET DES BÉNÉFICES LIÉS À UN CONTRAT DE TRAVAIL OU À UNE CONVENTION COLLECTIVE qui leur assure un salaire, des conditions de travail et des avantages sociaux, mais aucun des autres bénéfices associés à la crédibilité. Alors oui, certaines personnes peuvent s'en passer, mais elles se privent nécessairement des avantages qui y sont rattachés.

4. Comment se fait-il que je puisse être crédible auprès de certaines personnes, mais pas auprès de certaines autres?

Permettez-moi de vous rappeler que la crédibilité est subjective, donc en fonction de l'autre et de ses critères. Elle est non seulement relative à ces personnes, mais aussi relative à la perception qu'elles ont de notre correspondance ou pas à leurs critères. Il suffit donc que des personnes ou des groupes aient des critères de crédibilité différents pour que l'on ne soit pas crédible à leurs yeux, ou encore qu'ils ne perçoivent pas ou perçoivent différemment notre correspondance à leurs critères.

5. Peut-on gérer également la crédibilité d'une organisation ou d'une équipe aussi bien que celle d'une personne ?

Je suis convaincu que le processus est exactement le même en ce qui concerne la crédibilité d'une équipe ou d'une organisation. D'ailleurs, on a vu certaines organisations se doter d'un plan spécifique pour gérer leur crédibilité.

6. La crédibilité se gère-t-elle de la même manière partout dans le monde ?

Sur le plan du processus, je dirais que oui. Ce qu'il faut toutefois reconnaître, c'est que la crédibilité étant une valeur culturelle, elle est donc liée à la culture de chacune des organisations, des entreprises, des pays, des provinces, des régions et, à ce titre, il me semble évident que CERTAINS CRITÈRES SERONT DIFFÉRENTS, mais que LE PROCESSUS DEMEURE LE MÊME.

7. Peut-on feindre la crédibilité ?

Malheureusement, oui. Les fraudeurs, les voleurs, les escrocs et les arnaqueurs de tout poil comprennent souvent très bien comment s'établit la crédibilité et choisissent les moyens de montrer leur correspondance à certains critères, même s'il n'en est rien. Rappelons-nous à quel point le coffre à outils d'un serrurier ressemble étrangement à celui d'un cambrioleur...

8. Crédibilité et réputation sont-ils des termes synonymes?

À mon avis, oui. Les deux mots illustrent une perception, une opinion qui s'est dégagée après une expérience, aussi brève soit-elle et toujours en fonction des critères des autres. Alors oui, crédibilité, réputation, et je pourrais ajouter image, sont des termes synonymes.

9. Existe-t-il un lien entre l'apparence physique et la crédibilité?

La beauté ou l'apparence physique constitue générale-ment un FACTEUR SECONDAIRE de crédibilité partout dans le monde; certaines études ont montré que les gens perçus comme ayant une apparence avantageuse vivaient plus longtemps et gagnaient plus d'argent que ceux étant perçus comme ayant une apparence plus ingrate. Est-ce juste? Bien sûr que non, mais il en est ainsi. Précédem-ment dans ce livre, j'ai parlé des grandes entreprises américaines qui choisissaient souvent les membres de leur haute direction en fonction de leurs qualités profession-nelles, bien sûr, mais aussi en fonction de leur aspect avantageux (personnage dominant sur le plan physique).

10. Une fois le mode d'emploi de la crédibilité connu, quelles sont nos chances d'être crédibles?

Je suis d'avis qu'être conscient du mode d'emploi de la crédibilité est le fondement de son développement. Cela dit, il faut reconnaître que ce n'est pas parce qu'on a déter-miné un ou des critères que nous avons nécessairement la capacité d'y correspondre. Le talent, les capacités physiques et intellectuelles ainsi qu'un environnement favorable constitueront toujours des facteurs non négligeables. À titre d'exemple, ce n'est pas parce que j'ai suivi des cours de plongeon que je deviendrai automatiquement un champion de ce sport.

11. Existe-t-il un lien entre l'estime de soi et la crédibilité?

D'une certaine manière, oui. En effet, les gens qui ont un bon degré d'estime d'eux-mêmes ont plus de facilité à «se vendre honnêtement», à passer à l'action pour mettre en évidence leur correspondance aux critères attendus. Les gens ayant une faible image d'eux-mêmes, tout comme les gens timides d'ailleurs, auront plutôt tendance à s'effacer et, de ce fait, perdront de belles occasions de se rendre crédibles. Il faut se rappeler toutefois que cela n'enlève rien à leur valeur objective. D'un autre côté, l'augmentation de l'estime de soi est souvent un gain non négligeable découlant d'une crédibilité acquise.

12. Peut-on être crédible dans tous les secteurs?

Étant donné que le premier facteur de crédibilité est la compétence, pour répondre «oui» à cette question, il faudrait qu'une personne soit en mesure de se montrer compétente dans tous les secteurs de la vie professionnelle. La perfection n'étant jusqu'à maintenant pas de ce monde, il m'apparaît évident que la réponse à cette question est non.

13. Quels sont les principaux avantages de la crédibilité ?

Parmi les gains dont bénéficient les personnes ou les organisations crédibles, mentionnons :

■ *l'influence*

■ *l'estime de soi*

■ *l'écoute*

■ *l'absence de tergiversations, donc du temps*

■ *des alliés pour gérer sa crédibilité*

■ *une marge de manœuvre accrue*

■ *des gains financiers et matériels*

■ *de meilleures possibilités de promotion*

■ *des mandats de qualité en plus grande quantité*

■ *une information plus abondante et de meilleure qualité*

■ *plus de clients*

■ *l'ouverture à la créativité*

■ *la confiance*

■ *le respect et la considération*

■ *du leadership et de la collaboration*

■ *moins de stress négatif*

■ *une facilité d'attraction et de rétention du personnel*

■ *etc.*

14. Quels sont les principaux facteurs de crédibilité ?

En règle générale, il existe trois principaux facteurs de crédibilité, qui sont :

a) la compétence ;

b) l'expertise relationnelle ;

c) les antécédents personnels et professionnels.

15. Est-il possible de faire changer les critères de crédibilité des autres ?

Pour demeurer réaliste, je dirais qu'il est SOUVENT possible de faire «évoluer» certains critères, PARFOIS qu'il est possible d'en faire «changer» certains autres et, OCCASIONNELLEMENT, qu'il est impossible de les faire modifier.

16. Peut-il y avoir des inconvénients liés à la crédibilité ?

Voici une question particulièrement intéressante. En fait, lorsque des gens me la posent, j'ai souvent tendance à leur faire valoir qu'il n'existe pas d'inconvénients ou de «pertes» liées directement à la crédibilité, sauf pour les personnes qui sont incapables de dire non. Sachant que les gens crédibles auront tendance à se faire offrir un nombre appréciable de mandats, il m'apparaît donc évident que si l'on n'a pas la capacité de dire non, on risque d'être débordé. Pourtant, paradoxalement, je suis d'avis que les personnes crédibles sont les mieux placées pour faire valoir les motifs légitimes de leur refus puisqu'elles bénéficient d'un préjugé favorable. Elles doivent cependant vivre avec la déception de certaines personnes face à leur disponibilité limitée.

17. Comment évaluer sa crédibilité ?

Je pense qu'il existe plusieurs manières de le faire, la plus simple consistant à demander à ses interlocuteurs quelle crédibilité ils nous accordent, et ce, en fonction de quels critères. Par contre, il faut avoir le courage de poser la question et, surtout, l'humilité d'entendre la réponse. On peut aussi évaluer sa crédibilité en examinant si l'on bénéficie des avantages qui lui sont habituellement rattachés. Je me rappelle avoir entendu un travailleur autonome me dire qu'il bénéficiait d'une bonne crédibilité mais que, malheureusement, il n'avait reçu aucun mandat au cours des six derniers mois. Je pense qu'il avait déjà une partie de sa réponse… De fait, si vous ne parvenez pas à influencer votre entourage, si l'on ne vous écoute pas, si on ne vous propose aucun mandat, si vous ne disposez d'aucune marge de manœuvre, si on vous retire régulièrement des dossiers, vous connaissez la réponse…

18. Une crédibilité perdue peut-elle être regagnée ?

Voilà une question cruciale. Je dirais d'expérience qu'il est possible de rétablir une crédibilité perdue sauf dans les situations où, du point de vue de l'interlocuteur, on a heurté ce que j'appelle un critère « viscéral ». C'est pourquoi j'estime que, par exemple, les agresseurs de personnes vulnérables – personnes âgées ou enfants – n'ont aucune possibilité de se refaire une crédibilité. Il en serait de même pour un directeur financier qui aurait été confondu pour action frauduleuse au sein de son organisation. Vous pouvez allonger la liste. Au fond, la notion principale est : un CRITÈRE VISCÉRAL. En ce qui concerne les situations où les critères heurtés n'étaient pas viscéraux, je pense qu'il est possible de se refaire une crédibilité, pourvu, bien sûr, que nous ayons le potentiel de correspondre aux critères des interlocuteurs. Dans ces circonstances, je propose la démarche suivante : d'abord expliquer aux personnes en cause qu'on reconnaît qu'à un moment donné on ne correspondait pas aux critères auxquels elles s'attendaient ; ensuite, annoncer qu'on considère maintenant être en mesure de démontrer notre correspondance à ces critères et, finalement, solliciter l'occasion d'en faire la preuve. Évidemment, on se sera assuré entre-temps que l'on possède maintenant ce qu'il faut pour correspondre aux critères attendus.

Si quelqu'un vous proposait une telle démarche, accorderiez-vous une chance au coureur ?

19. Quelle importance doit-on accorder à l'attitude en matière de gestion de sa crédibilité ?

Je dirais que le choix d'une attitude de responsabilisation à l'égard de sa crédibilité constitue le deuxième élément le plus important en matière de gestion de cette dernière, tout de suite après la prise de conscience de son mécanisme. Ainsi, il m'apparaît clair que le choix, conscient ou non, de la culpabilisation, que ce soit de soi-même ou des autres, ne peut mener que dans un cul-desac. L'attitude de responsabilisation est certainement plus exigeante, mais combien plus rentable.

20. Doit-on toujours réagir aux attaques à notre crédibilité?

Oui, oui et encore oui. À moins que les attaques proviennent de personnes elles-mêmes non crédibles, je crois qu'il faut réagir avec tact et fermeté, sans agression; l'absence de correction des données, d'explications claires, voire d'intervention, fait généralement conclure à la véracité des accusations.

CONCLUSION

Je souhaite de tout cœur que ces notions concernant la crédibilité et son mode d'emploi vous guident dans cette quête constante et sans cesse renouvelée des nombreux avantages qui en découlent.

J'espère finalement que ce livre vous aura permis de constater qu'il est possible d'agir pour établir ou rétablir sa crédibilité, même si, comme vous l'avez compris, elle nous est essentiellement conférée par les autres.

On peut ainsi se détacher de l'impuissance et du triste sentiment d'être totalement victime du regard des autres; même les incompris ont enfin une piste de développement. Dans l'univers complexe de la perception, on doit se rendre à l'évidence que nous sommes tous partiellement responsables de la façon dont nous sommes perçus.

Je vous suggère fortement de partager ces concepts avec les gens que vous aimez; il me semble qu'il s'agit là d'un grand service à rendre à vos collègues et à vos amis, mais également à vos conjoints, conjointes et enfants.

Enfin, pour les personnes préoccupées par ce qu'il est advenu de Nicole, sachez que non seulement elle a conservé ses fonctions à la banque, mais que depuis elle a obtenu une promotion remarquable.

RECYCLÉ
Papier fait à partir
de matériaux recyclés
FSC® C103567

Marquis imprimeur inc.

Québec, Canada
2011

Imprimé sur du papier Silva Enviro 100% postconsommation
traité sans chlore, accrédité Éco-Logo et fait à partir de biogaz.

100%   PERMANENT   BIO GAZ